俄语系列图书

俄语阅读教程

零起点有声

主 编 林 丽
副主编 刘桂红

哈尔滨工业大学出版社

本书包括 190 篇课文,以俄汉双语形式编写,每篇课文配有录音(MP3 光盘)。本书适用于高等学校俄语专业本专科零起点一年级学生、自学俄语者及一切俄语爱好者,也可以供从事俄语实践课教学的教师参考。

图书在版编目(CIP)数据

俄语零起点有声阅读教程/林丽主编. —哈尔滨:哈尔滨工业大学出版社,2015.5
 ISBN 978－7－5603－5362－3

Ⅰ.①俄… Ⅱ.①林… Ⅲ.①俄语-阅读教学-教材
Ⅳ.①H359.4

中国版本图书馆 CIP 数据核字(2015)第 093096 号

责任编辑	甄淼淼
封面设计	刘长友
出版发行	哈尔滨工业大学出版社
社　　址	哈尔滨市南岗区复华四道街 10 号　邮编 150006
传　　真	0451－86414749
网　　址	http://hitpress.hit.edu.cn
印　　刷	黑龙江省地质测绘印制中心印刷厂
开　　本	787mm×1092mm　1/16　印张 16.5　字数 430 千字
版　　次	2015 年 5 月第 1 版　2015 年 5 月第 1 次印刷
书　　号	ISBN 978－7－5603－5362－3
定　　价	29.80 元

(如因印装质量问题影响阅读,我社负责调换)

前　言

　　《俄语零起点有声阅读教程》一书旨在帮助高等学校俄语专业本专科零起点一年级学生、自学俄语者及一切俄语爱好者从语言学习规律出发，通过有声读物完善俄语语音语调、练习听力和听写、巩固语法知识、扩充词汇量、培养阅读兴趣和习惯、提高阅读能力、增加对俄罗斯国情的了解，并最终帮助学生掌握俄语的实际运用能力。本书也可以供从事俄语实践课教学的教师参考。

　　本教程的主要特点是：

　　1. 每篇课文都配有录音（MP3 光盘），录音清晰，语速适当、自然。因为对于零起点学生来说，能够准确读出所学内容是至关重要的，特别是俄语语音、语调及单词的重音问题给初学者带来了很大的困难，所以配有合适的录音能够帮助他们逐渐解决这些困难，提高学生学习俄语的兴趣，增强他们学好俄语的信心。

　　2. 每篇课文后都配有课文参考译文。因为零起点学生的词汇量还很有限，对已学过的词语也会忘记，况且课文中还会有少量的生词出现，所以配有课文参考译文能有效地帮助学生复习旧词，学习生词。

　　3. 每篇课文后都设有"Ответьте на вопросы"这一练习。学生可以口头回答这些问题，这样既练习了口语，又帮助他们理解课文的内容。

　　4. 课文内容涉及俄罗斯日常和社会生活的各个方面，如家庭、工作、大学学习和生活、交通、游览、节日、医院、住宅、商店、运动、健康、饮食、气候、俄罗斯风俗、文化、艺术等。材料新颖，题材广泛，贴近生活，语言规范，内容丰富有趣，难度由浅入深，循序渐进，是零起点学生必备、但很难找到的有声阅读材料。

　　5. 书后设有附录，包含 3 首俄罗斯歌曲，配有 MP3 录音，俄语歌词后配有汉语译文。对初学者来说学唱俄语原文歌曲也是一种很好的学习形式。

  本书作者来自哈尔滨工业大学和大庆师范学院。全书由林丽最后统稿审订。另外,为本书提供编写材料、参加审阅并提出宝贵意见的有王立成、刘德明、张旭明、王锐、王超、陈双利和倪军。全书由俄罗斯专家 Ирина Васильевна Егорова 审阅。

  由于编者水平有限,书中难免有疏漏之处,敬请俄语同行及读者指正。

编 者

2015 年 2 月

目 录

Текст 1   Это мой коллега   //1
Текст 2   Меня зовут Том   //1
Текст 3   Меня зовут Ричард   //2
Текст 4   Меня зовут Ирина Петровна Иванова   //3
Текст 5   Меня зовут Мишéль   //4
Текст 6   Это мои друзья   //4
Текст 7   Я студент   //5
Текст 8   Я тоже часто работаю ночью   //6
Текст 9   Я пока ещё не работаю   //7
Текст 10   Я Дима   //8
Текст 11   Раньше я любил ходить в университет   //8
Текст 12   Я работаю очень много   //9
Текст 13   Я итальянка   //10
Текст 14   Познакомьтесь, это мои друзья   //11
Текст 15   Я американец   //12
Текст 16   Это Россия   //13
Текст 17   Москва — столица   //14
Текст 18   Квас   //14
Текст 19   Мы смотрели балет «Щелкунчик»   //15
Текст 20   Русская суперзвездá и американская молодёжь   //16
Текст 21   Любовь и русский язык   //17
Текст 22   Я очень люблю мою жену   //18
Текст 23   Русская зима   //18
Текст 24   Это мой дедушка Иван Петрович   //19
Текст 25   Знакомятся Максим Петрович Симонов и Сергей Николаевич   //20
Текст 26   Прослушайте прогноз погоды на 10 и 11 мая   //21
Текст 27   Наташа живёт с мамой   //22

Текст 28   Я простудился   //23
Текст 29   Гастроном   //23
Текст 30   В троллейбусе   //24
Текст 31   Наша столовая   //25
Текст 32   Я звоню по телефону   //26
Текст 33   В парикмахерской   //27
Текст 34   Это мои коллеги   //28
Текст 35   Мои друзья   //29
Текст 36   Это наша семья   //30
Текст 37   Это мои друзья: Сун, Поль и Роберт   //31
Текст 38   Меня зовут Игорь   //32
Текст 39   Меня зовут Свен Олафсон   //33
Текст 40   Меня зовут Владимир Петрович   //34
Текст 41   Я Екатерина Дубова   //35
Текст 42   Я работаю в офисе в небольшой компании   //36
Текст 43   Комната Олега   //36
Текст 44   Мой фотоальбом   //37
Текст 45   Большая семья   //38
Текст 46   Два соседа   //39
Текст 47   Моя бабушка и дедушка   //40
Текст 48   Как мы одеваемся   //41
Текст 49   Я работаю в космосе   //42
Текст 50   У меня прекрасная работа   //43
Текст 51   Познакомьтесь, это семья Кевина   //44
Текст 52   Сейчас я живу и работаю в Москве   //45
Текст 53   У Саши есть три друга   //46
Текст 54   Я аспирант   //47
Текст 55   У Саши есть много друзей   //48
Текст 56   Моя подруга   //49
Текст 57   У меня есть друг, Антон   //50
Текст 58   У моей подруги Маши есть мечта   //51
Текст 59   Сегодня после занятий Том поехал в центр   //52
Текст 60   Наша семья   //53
Текст 61   У меня очень большая семья   //53

Текст 62	Я заболел	//55
Текст 63	В универмаге	//56
Текст 64	На почте	//57
Текст 65	Родителям	//58
Текст 66	В автобусе	//59
Текст 67	Вкусный суп	//60
Текст 68	Мой сосед по комнате	//61
Текст 69	Сестра моего друга	//62
Текст 70	Вчера у меня был странный день	//63
Текст 71	Вчера мне надо было купить рыбу	//64
Текст 72	В субботу у моей мамы день рождения	//65
Текст 73	Русская сказка	//66
Текст 74	У бабушки	//67
Текст 75	Какие мы разные	//68
Текст 76	Императрица Екатерина Вторая	//69
Текст 77	Я не могу без тебя	//70
Текст 78	Следующая станция…	//71
Текст 79	Разные люди в разном возрасте делают разные вещи	//72
Текст 80	Дольче вита	//73
Текст 81	Вчера я купил картину	//74
Текст 82	Клара и «Зара»	//75
Текст 83	Транспорт и любовь	//77
Текст 84	Я живу в доме № 2	//78
Текст 85	В нашей квартире три комнаты	//79
Текст 86	Летом мы сделали в квартире ремонт	//80
Текст 87	Я сняла маленькую квартиру	//81
Текст 88	Студентка рассказывает о своей квартире	//82
Текст 89	В моём городе есть почти все виды транспорта	//84
Текст 90	Как можно определить характер человека	//85
Текст 91	Санкт-Петербург	//86
Текст 92	Ростов-на-Дону	//87
Текст 93	Город Владимир	//88
Текст 94	Семья Коли	//89
Текст 95	Добрый день!	//91

Текст 96   Москва — столица России   //92
Текст 97   Новгород — это древний российский город   //94
Текст 98   Так... Так... Так...   //95
Текст 99   Его песни сегодня живут   //96
Текст 100 Ромашки в январе   //97
Текст 101 Каша   //98
Текст 102 Снегурочка   //99
Текст 103 Пироги   //100
Текст 104 Лето в России   //102
Текст 105 Советский космонавт и маленький бразильский мальчик   //103
Текст 106 Почему она была не рада?   //104
Текст 107 Снег и снеговик   //105
Текст 108 Какая бывает зима   //106
Текст 109 Москва — это столица России   //108
Текст 110 Почему у тебя всё время занято   //109
Текст 111 Я учусь в Московском государственном университете   //111
Текст 112 Мой брат   //112
Текст 113 Я поехал в центр   //113
Текст 114 Моя мама выглядит моложе отца   //114
Текст 115 Меня зовут Светлана   //115
Текст 116 Дима и Андрей друзья   //116
Текст 117 Три плюс два   //117
Текст 118 Кавказская пленница   //118
Текст 119 В нашей группе учится тридцать студентов   //120
Текст 120 У Иры Ивановой каникулы   //121
Текст 121 Серёжа и Юля недавно поженились   //122
Текст 122 Что надо делать, чтобы долго жить   //124
Текст 123 На поезде в Петербург   //125
Текст 124 Гостиница «Санкт-Петербург»   //126
Текст 125 Миши нет...   //128
Текст 126 Я живу и работаю в Москве   //129
Текст 127 День рождения   //131
Текст 128 Последняя надежда   //132
Текст 129 Солнце и Луна   //134

Текст 130	Подарок	//135
Текст 131	Мы учим русский язык на улице и в метро	//137
Текст 132	Место под солнцем	//138
Текст 133	Быть или не быть	//140
Текст 134	Подруги	//141
Текст 135	Купите компас	//142
Текст 136	Тяжёлая жизнь Анны	//144
Текст 137	Do you speak English	//145
Текст 138	Николя и Юя	//146
Текст 139	Трудно, но интересно, или два рассказа о русском языке	//148
Текст 140	Русский язык? Быстро и легко!	//149
Текст 141	Всё относительно	//150
Текст 142	Начните с дерева	//152
Текст 143	Как я готовила борщ	//153
Текст 144	Времена года	//155
Текст 145	Спасибо Интернету	//157
Текст 146	Почему	//159
Текст 147	Как я решил стать врачом	//160
Текст 148	Как понять систему	//162
Текст 149	«Плохое» слово	//163
Текст 150	Наш папа всегда интересуется, чем мы занимаемся	//165
Текст 151	Эрик приехал в Петербург из Америки	//166
Текст 152	На озере	//168
Текст 153	«Любовь-морковь»	//170
Текст 154	Почему Сочи	//171
Текст 155	Рассказ о себе	//173
Текст 156	Записка	//175
Текст 157	Мой друг и моя жена	//177
Текст 158	О московских магазинах	//178
Текст 159	Ничего не забыл	//180
Текст 160	Лето — это моё время	//181
Текст 161	Я понял, что я заболел	//183
Текст 162	Меня зовут Станислав	//184
Текст 163	Одноклассники	//186

Текст 164	Одноклассники (продолжение)	//188
Текст 165	Мой день рождения	//190
Текст 166	Я был в гостях у своего русского друга	//191
Текст 167	Сейчас всё изменилось	//193
Текст 168	Я живу с сыном и его семьёй	//195
Текст 169	Са́кура, Теки́ла и Ковбо́й	//197
Текст 170	Писатель Мартин Андерсен ездил на необычную экскурсию	//199
Текст 171	Иркутск	//200
Текст 172	Владивосток	//202
Текст 173	Моё любимое время года	//204
Текст 174	Расскажи, как ты обычно проводишь свой день	//206
Текст 175	Понедельник — день тяжёлый	//208
Текст 176	Все отдыхают по-разному	//210
Текст 177	Как при́нято в России поздравлять с праздниками	//213
Текст 178	Моё увлечение — живопись	//214
Текст 179	Моё главное увлечение — музыка	//217
Текст 180	Питаться нужно правильно	//219
Текст 181	У нас только правда	//221
Текст 182	Диалог для практики	//223
Текст 183	Закажите столик в ресторане	//225
Текст 184	Как ты обычно проводишь своё свободное время	//228
Текст 185	Светлана	//231
Текст 186	Лилия! Лиля! Лилия!	//233
Текст 187	Как русские проводят своё свободное время	//236
Текст 188	Простые секреты доктора Угло́ва	//239
Текст 189	Что делать, чтобы жить долго и быть здоровым	//242
Текст 190	Старые слова	//244

附录：俄罗斯歌曲

1　Подмосковные вечера　//247
2　Катюша　//248
3　Ой цветёт калина　//250

☞ Текст 1
Это мой коллега

Познакомьтесь, пожалуйста, это мой коллега: Иван Антонович Кали́нин. Он преподаватель. Это моя коллега: Семёнова Анна Михайловна. Она тоже преподаватель. А это мои студенты: Том, Фили́пп и Марти́на.

✓ **Ответьте на вопросы.**

1. Кто это? Как его зовут?
2. Он преподаватель?
3. Кто это? Как её зовут?
4. Она тоже преподаватель?
5. А кто это? Как их зовут?

 参考译文

 这是我的同事

请认识一下吧,这是我的同事伊万·安东诺维奇·加里宁。他是一名教师。这是我的同事:谢苗诺娃·安娜·米哈伊洛夫娜,她也是教师。而这是我的学生们:汤姆、菲利普和马丁娜。

☞ Текст 2
Меня зовут Том

Дава́йте познако́мимся! Меня зовут Том. Моя фамилия Спе́нс. Я студент. А это мой друг. Его зовут Фили́пп. Его фамилия Нуаре́. Он тоже студент. А это моя подруга. Её зовут Марти́на. Её фамилия Шмидт. Она студентка. А это наш преподаватель. Его зовут Алексей Сергеевич Кругло́в.

Ответьте на вопросы.

1. Как зовут автора (作者)?
2. Как его фамилия? Кто он?
3. Филипп его друг?
4. Как его фамилия? Кто он?
5. Мартина его подруга?
6. Как её фамилия? Кто она?
7. Это их преподаватель? Как его зовут?

参考译文

我叫汤姆

让我们认识一下吧！我叫汤姆。我姓斯彭斯。我是大学生。这是我的朋友。他叫菲利普。他姓努阿烈,他也是大学生。而这是我的女性朋友,她叫马丁娜,她姓施密特,是大学生。而这是我们的老师,他叫阿列克谢·谢尔盖耶维奇·克鲁格洛夫。

Текст 3
Меня зовут Ри́чард

Меня зовут Ри́чард. Я студент. Я учусь в университете. А это Оля и Анна. Они мои подруги. Они тоже учатся в университете. Они студентки. А это мой друг Николай. Он не студент, он экономист. Он работает в фирме.

Ответьте на вопросы.

1. Как зовут автора?
2. Кто он? Где он учится?
3. А кто это?
4. Где они учатся? Они студентки?
5. А кто это? Он студент?
6. Где он работает?

参考译文

我叫理查德

我叫理查德,我是大学生,我在大学学习。这是奥莉娅和安娜。她们是我的朋友。她们也在大学学习。她们是大学生。而这是我的朋友尼古拉。他不是大学生,是经济学家,他在公司工作。

Текст 4
Меня зовут Ирина Петровна Иванова

Меня зовут Ирина Петровна Иванова. Я учитель, я работаю в школе. Это моя коллега: Мария Петровна Сергеева. Она тоже учитель и тоже работает в школе. А это моя подруга: Любовь Павловна Турбина́. Она секретарь, работает в банке.

Ответьте на вопросы.

1. Как зовут автора?
2. Кто она по профессии?
3. Где она работаете?
4. Кто это? Как её зовут?
5. Она учитель? Где она работает?
6. А кто это? Как её зовут?
7. Кто Любовь Павловна по профессии?
8. Где она работает?

参考译文

我叫伊琳娜·彼得罗夫娜·伊万诺娃

我叫伊琳娜·彼得罗夫娜·伊万诺娃,我是教师,在学校工作。这是我的同事:玛利亚·彼得罗夫娜·谢尔盖耶娃,她也是教师,也在学校工作。而这是我的朋友:柳博芙·巴甫洛夫娜·图尔宾娜。她是秘书,在银行工作。

☞ Текст 5
Меня зовут Мише́ль

Дава́йте познако́мимся. Меня́ зову́т Мише́ль. Я францу́з. Ра́ньше я жил и рабо́тал в Пари́же, а сейча́с я живу́ и рабо́таю в Москве́. Я инжене́р и рабо́таю на заво́де. А э́то мой друг Ва́льтер. Он не́мец. Он рабо́тает в фи́рме. Он юри́ст. Ра́ньше Ва́льтер не́ был в Росси́и. А сейча́с то́же живёт и рабо́тает в Москве́.

  Отве́тьте на вопро́сы.

1. Кто Мише́ль по национа́льности?
2. Где он ра́ньше жил и рабо́тал?
3. А где он живёт и рабо́тает сейча́с?
4. Кто он по профе́ссии?
5. Кто Ва́льтер по национа́льности?
6. Где он рабо́тает?
7. Кто он по профе́ссии?
8. Ра́ньше он был в Росси́и?
9. Где он живёт сейча́с?

我叫米舍利

让我们认识一下吧,我叫米舍利,我是法国人,以前在巴黎生活和工作,而现在在莫斯科生活和工作。我是工程师,在工厂工作。这是我的朋友瓦尔特。他是德国人,他在公司工作。他是一名律师。以前瓦尔特没来过俄罗斯,而现在他也在莫斯科生活和工作。

☞ Текст 6
Это мои́ друзья́

Познако́мьтесь, пожа́луйста, э́то мои́ друзья́. Это Та́ня. Она́ инженер, она работает на заводе. Это Галя. Она учитель и работает в школе. Это Иван. Он учится в университете и работает на почте. А это мой друг Алексей. Он врач, работает в больнице. А кто ваши друзья по профессии? Они учатся или работают?

Ответьте на вопросы.

1. Кто это?
2. Кто Таня?
3. Где она работает?
4. Кто Галя по профессии?
5. Где работает Галя?
6. Где учится Иван и где он работает?
7. Кто Алексей по профессии?
8. Где он работает?

参考译文

这是我的朋友们

请认识一下，这是我的朋友们。这是塔尼娅。她是工程师，她在工厂工作。这是加利亚，她是教师，在学校工作。这是伊万，他在大学学习，同时也在邮局工作。而这是我朋友阿列克谢，他是医生，在医院工作。您的朋友们都从事什么职业？他们是在学习还是在工作？

Текст 7
Я студент

Я студент. Меня зовут Евгений, можно Женя. Женя — это моё имя. Моё отчество Николаевич. Моя фамилия Савéльев. Я Евгений Николаевич Савéльев. А это мой друг. Его фамилия Алексеев, его имя Павел, его отчество Андреевич. Он Павел Андреевич Алексеев. Он тоже студент. А это моя подруга. Её имя Светлана, можно Света. Её отчество Борисовна, её фамилия Сорóкина. Она Светлана Борисовна Сорокина. Она тоже студентка.

Ответьте на вопросы.

1. Кто автор? Как его зовут?
2. Как его отчество? Как его фамилия?
3. Это его друг?
4. Как его фамилия? Как его имя? Как его отчество?
5. Он тоже студент?
6. Это его подруга?
7. Как её имя? Как её отчество? Как её фамилия?
8. Она тоже студентка?

参考译文

我是一名大学生

我是一名大学生。我叫叶夫根尼,可以叫我热尼亚,热尼亚是我的名字,我的父称是尼古拉耶维奇,我姓萨韦利耶夫。我叫叶夫根尼·尼古拉耶维奇·萨韦利耶夫。而这是我的朋友,他姓阿列克谢耶夫,他的名字叫帕维尔,父称是安德烈耶维奇。他的全称是帕维尔·安德烈耶维奇·阿列克谢耶夫。他也是大学生。而这是我的女性朋友斯韦特兰娜,可以叫她斯韦塔,她的父称是鲍里索夫娜,她姓索罗金娜。她的全称是斯韦特兰娜·鲍里索夫娜·索罗金娜。她也是大学生。

Текст 8
Я тоже часто работаю ночью

Я тоже часто работаю ночью. У меня опасная работа, но много денег. У меня три пистолéта, но я не люблю людей в форме. Я работаю в банках, магазинах, а отдыхаю в ресторанах. Моя жена ненавидит мою работу.

Ответьте на вопросы.

1. Когда часто работает автор?
2. Какая у него работа?
3. Как он зарабатывает?

4. Каких людей он не любит?
5. Где он работает, а где отдыхает?
6. Кто ненавидит его работу?

参考译文

 我也经常夜间工作

我也经常夜间工作。我的工作危险,但挣钱很多。我有三把手枪,但我不喜欢穿制服的人。我在各个银行、商店工作,而在餐厅休息。我妻子厌恶我的工作。

Текст 9
Я пока ещё не работаю

Я пока ещё не работаю. Каждое утро я встаю и иду в университет пить кофе. Я люблю ходить в университет: там можно встретиться с друзьями, узнать новости и поговорить о жизни. Там всегда красивые девушки и иногда интересные лекции. Я люблю учиться!

Ответьте на вопросы.

1. Что делает автор каждое утро?
2. Почему он любит ходить в университет?
3. Что он любит делать?

参考译文

我暂时还不工作

我暂时还不工作。每天早上我起床,去学校喝咖啡。我喜欢到学校去:在那里可以与朋友们会面,了解新闻,谈一谈人生。那里总是有许多漂亮的姑娘,有时还有一些有意思的课。我爱学习!

Текст 10
Я Дима

Привет! Я Дима. Я ещё учусь в школе. Я хорошо играю в футбол. Ещё я люблю играть на гитаре и в компьютерные игры и ненавижу уроки литературы. Я хочу хороший современный компьютер. А ещё у нас есть маленькая серая кошка. Нашу кошку зовут Му́рка. Она тоже любит играть, а плавать не любит.

Это наш друг Свен.

 Ответьте на вопросы.

1. Как зовут автора?
2. Где он учится?
3. Что он любит делать?
4. Что он ненавидит?
5. Как зовут его кошку?
6. Что она любит и что не любит?

我是季马

你好！我是季马。我还在学校学习。我足球踢得好。我还喜欢弹吉他和玩电脑游戏，不喜欢文学课。我想有一台当代绝好的电脑。我们还有一个小灰猫儿。她叫穆尔卡。她也喜欢玩，而不喜欢游泳。

这是我们的朋友斯文。

Текст 11
Раньше я любил ходить в университет

Раньше я любил ходить в университет, но сейчас я больше люблю посидеть в библиотеке, погулять в парке, подумать о жизни. На работе я читаю интересные лекции, но глупые студенты на них не ходят. Иногда я принимаю экзамены, тогда студенты говорят, что мои лекции очень хорошие и они хотят послушать ещё.

 Ответьте на вопросы.

1. Куда автор любил ходить раньше?
2. Что он любит делать сейчас?
3. Что он делает на работе?
4. Когда студенты говорят, что его лекции очень хорошие?

参考译文

以前我喜欢到学校去，但现在我更喜欢在图书馆里坐坐，在公园里散散步，思考一下人生。在单位我讲有趣的课，但愚蠢的学生不去上课。有时我考试，那时学生们说，我的课讲得非常好，他们想再听一听。

☞ Текст 12
Я работаю очень много

Я работаю очень много, иногда даже ночью. У меня опасная работа и маленькая зарплата. Зимой и летом, когда на улице идёт снег или дождь, я хожу из банка в магазин, из магазина в ресторан, из ресторана на рынок и смотрю, кто что делает. У меня есть форма и пистоле́т. Часто я не завтракаю, обедаю вечером, ужинаю ночью и сплю только утром. Моя жена ненави́дит мою работу.

 Ответьте на вопросы.

1. Какая у автора работа?
2. Какая у него зарплата?
3. Что он делает зимой и летом?
4. Почему он часто не завтракает, обедает вечером, ужинает ночью и спит только утром?

参考译文

我工作繁忙

我工作繁忙,有时甚至夜间工作。我从事一个危险的工作,而且工资微薄。无论是冬天还是夏天,当外面下着雪或雨时,我从银行到商店、从商店到餐厅、从餐厅到市场边走边巡视,看人们在做什么。我有制服和一把手枪。我经常不吃早餐,晚上吃午饭,夜里吃晚饭,只有早晨才能睡觉。我妻子厌恶我的工作。

Текст 13
Я итальянка

Меня зовут София. Я итальянка. Я студентка. Раньше я жила и училась в Риме, в университете. Рим — это мой родной город. Это очень красивый и старый город. Сейчас я живу и учусь в Москве. Я учусь в университете и работаю в посольстве. Я секретарь. А это моя подруга Агнéта. Она швéдка. Она тоже студентка. Мы вместе учимся в университете. Её родной город Стокгóльм. Раньше мы не были в Москве, а сейчас мы здесь живём и учимся.

Ответьте на вопросы.

1. Кто София по национальности?
2. Она студентка?
3. Где она раньше жила и училась?
4. Какой её родной город?
5. Рим — новый город?
6. Где сейчас живёт и учится София?
7. Где она работает? Кто она по профессии?
8. Агнета — её подруга?
9. Кто Агнета по национальности?

参考译文

我是意大利人

我叫索菲娅,我是意大利人,是一名大学生。以前我在罗马的一所大学生活和学习。罗马是我的故乡,这是一座美丽而又古老的城市。现在我在莫斯科生活和学习。我在大学学习,同时在大使馆工作。我是秘书。这是我的朋友阿格涅塔。她是瑞典人。她也是大学生。我们一起在大学学习。她的故乡是斯德哥尔摩。以前我们没来过莫斯科,现在我们在这里生活和学习。

Текст 14
Познакомьтесь, это мои друзья

Познакомьтесь, это мои друзья: Алексей и Джим. Мы вместе работаем в фирме. Алексей юрист. Джим бизнесмен. А меня зовут Ван Сун. Я экономист. Мой друг Алексей — русский. Его родной город — Тула. Это небольшой старый город. А Джим — американец. Раньше он жил, учился и работал в Сан-Франци́ско. Сан-Франци́ско — его родной город. Это очень большой город. А я китаец. Раньше я жил и учился в Пекине, но мой родной город — Харбин. А сейчас мы все живём и работаем в Москве.

Ответьте на вопросы.

1. Где работают Алексей, Джим и Сун?
2. Кто они по профессии?
3. Кто они по национальности?
4. Тула — большой город?
5. Сан-Франциско — маленький город?
6. Ван Сун — китаец?
7. Какой его родной город?

参考译文

请认识一下,这是我的朋友们

请认识一下,这是我的朋友们:阿列克谢和吉姆。我们一起在公司工作。阿列克谢是一名律师,吉姆是商人。而我叫王松。我是经济学家。我的朋友阿列克谢是俄罗斯人。他的故乡是图拉。这是一座古老的小城。吉姆是美国人。他以前在圣弗朗西斯科生活、学习和工作。圣弗朗西斯科是他的家乡,是一座很大的城市。而我是中国人。以前我在北京生活和学习,但是我的家乡是哈尔滨。而现在我们大家一起在莫斯科生活和学习。

Текст 15
Я американец

Меня зовут Ге́нри. Моя фамилия Хилл. Я американец. Мне 35 лет. Я женат. Это моя жена. Её зовут Кэ́рол. Ей 32 года. У нас есть сын, его зовут Майкл, ему четыре года. Раньше Кэрол и я жили и работали в Бо́стоне. Это наш родной город. А сейчас мы живём и работаем в Москве. Я переводчик и работаю в посольстве. Кэрол экономист, она работает в фирме.

 Ответьте на вопросы.

1. Как зовут автора? Как его фамилия?
2. Кто он по национальности?
3. Сколько ему лет? Он женат?
4. Кто Кэрол? Сколько ей лет?
5. У них есть дети?
6. Сколько лет Майклу?
7. Где раньше жили и работали Кэрол и автор?
8. Какой их родной город?
9. Где они живут и работают сейчас?
10. Кто по профессии автор?
11. Кто по профессии Кэрол и где она работает?

参考译文

〜〜 我是美国人 〜〜

我叫亨利,我姓希尔。我是美国人。我35岁。已经结婚。这是我的妻子。她叫凯罗尔。她32岁。我们有个儿子，叫迈克尔，他4岁了。以前凯罗尔和我在波士顿生活和工作。这是我们的家乡。而现在我们在莫斯科生活和工作。我是一名翻译，在大使馆工作。凯罗尔是经济学家，她在一家公司工作。

Текст 16
Это Россия

Это Россия. Вот столица России Москва. А это Санкт-Петербург. Москва и Санкт-Петербург — это большие, старые, красивые города.

А это ре́ки — Волга и Нева.

Вот тут озеро Байкал. А здесь юг. Это Чёрное море. А вот тут Балти́йское и Белое моря́.

Здесь Урал. Там Азия.

 Ответьте на вопросы.

1. Какая это страна?
2. Какой город — столица России?
3. Какие города Москва и Санкт-Петербург?
4. Чёрное море
5. Какое это озеро?
6. Где Чёрное море?
7. Какие это моря?

参考译文

 这是俄罗斯

这是俄罗斯。这就是俄罗斯的首都莫斯科。而这是圣彼得堡。莫斯科和圣彼得堡是古老、美丽的大城市。

而这是河流——伏尔加河和涅瓦河。

这里就是贝加尔湖。而这里是南方。这是黑海。而这里是波罗的海和白海。

这里是乌拉尔。那里是亚洲。

☞ **Текст 17**

Москва — столица

Москва — сердце России. Это экономический, политический и культурный центр России. В Москве работают правительство России и иностранные посольства. Здесь красивые улицы, большие дома, известные памятники, театры, музеи, университеты. В Москве находится Кремль.

 Ответьте на вопросы.

1. Какой город Москва?
2. Где работают правительство России и иностранные посольства?
3. Какие здесь улицы, дома, памятники?
4. Где находится Кремль?

参考译文

 莫斯科是首都

莫斯科是俄罗斯的心脏。这是俄罗斯的经济、政治和文化中心。俄罗斯政府和外国大使馆在莫斯科办公。这里有漂亮的街道、高大的楼房、闻名的古迹、剧院、博物馆和大学。克里姆林宫位于莫斯科。

☞ **Текст 18**

Квас

Квас — национальный русский напиток. Русские любят пить квас обычно летом, когда на улице жарко. Квас нужен, чтобы приготовить национальный русский летний суп, который называется окрóшка. В окрошке ещё есть огурцы́, картофель, я́йца, лук. Сейчас квас делают на заводе. Но его можно сделать и дома.

В Древней Руси́ квас пили простые русские люди.

Ответьте на вопросы.

1. Какой напиток любят русские летом?
2. Что нужно, чтобы приготовить окрошку?
3. Что ещё есть в окрошке?
4. Где сейчас делают квас?
5. Кто пил квас в Древней Руси?

格瓦斯

格瓦斯是俄罗斯的民族饮料。俄罗斯人通常喜欢在炎热的夏天喝格瓦斯。制作具有俄罗斯民族特色的一种夏季饮用汤时需要格瓦斯，这种汤叫冷杂拌汤。在冷杂拌汤里还有黄瓜、土豆、鸡蛋和洋葱。现在人们在工厂酿制格瓦斯。但也可以在家里做。

在古俄罗斯喝格瓦斯的都是俄罗斯平民。

☞ Текст 19
Мы смотрели балет «Щелкýнчик»

В субботу мы ходили в театр. Мы смотрели балет «Щелкунчик». Он нам очень понравился. Была прекрасная музыка. Её написал русский композитор Пётр Ильич Чайковский. Мы с удовольствием смотрели этот балет и слушали музыку. К сожалению, раньше я не смотрел этот балет. В воскресенье я хочу пригласить тебя в театр на балет.

Ответьте на вопросы.

1. Куда вы ходили в субботу?
2. Что вы смотрели?
3. Как вам понравился этот балет?
4. Какая была музыка?
5. Кто написал музыку?

参考译文

我们观看了芭蕾舞剧《胡桃夹子》

周六我们去了剧院。我们观看了芭蕾舞剧《胡桃夹子》。我们非常喜欢这部舞剧。音乐非常美妙。这是由俄罗斯作曲家彼得·伊里奇·柴可夫斯基创作的。我们高兴地看了芭蕾舞剧，听了音乐。遗憾的是，我以前没有看过这部芭蕾舞剧。星期天我想邀请你去剧院看芭蕾舞。

Текст 20
Русская суперзвезда́ и американская молодёжь

Анна Нетре́бко — оперная певица из России — суперзвезда XXI века. Она поёт в знаменитом Марии́нском театре, который находится в Петербурге. В опере «Ромео и Джульетта» у неё главная роль.

В Америке ученики и их родители смотрели эту оперу на экране в пяти школах в Нью-Йорке. Все места были заняты. Все хотели послушать русскую певицу.

Американская молодёжь любит и понимает её. Анна очень интересно рассказывает молодёжи об искусстве оперы.

Ответьте на вопросы.

1. Кто Анна Нетре́бко?
2. Где она поёт?
3. В какой опере у неё главная роль?
4. Где американские ученики и их родители смотрели эту оперу?
5. О чём Анна очень интересно рассказывает американской молодёжи?

参考译文

俄罗斯超级明星和美国青年

安娜·涅特列布科是俄罗斯歌剧演唱家，二十一世纪的巨星。她在著名的马林斯基剧院演唱，该剧院位于圣彼得堡。她在歌剧《罗密欧与朱丽叶》中扮演主要角色。

在美国学生们及其家长在纽约市五所学校的屏幕上观看了这部歌剧。座无虚席。大家想听听俄罗斯演唱家的演唱。

美国青年爱她并懂她。安娜非常有趣地向青年们讲述歌剧艺术。

☞ Текст 21
Любовь и русский язык

    Они познакомились на Олимпиаде в Москве: молодой футболист и девушка-гимнастка.

    Он приехал из Франции, а она жила в Се́рбии. Он не понимал по-сербски, а она не говорила по-французски. Но любовь есть любовь. А любовь любит разговоры. А девушки любят красивые слова! И самые красивые слова — «Я люблю тебя!» молодой человек сказал ей по-русски, потому что они были в России, в Москве, и они любили друг друга.

 Ответьте на вопросы.

    1. Где познакомились молодой футболист и девушка-гимнастка?
    2. Откуда они приехали?
    3. Что любят девушки?
    4. На каком языке молодой человек сказал девушке «Я люблю тебя»?

参考译文

 爱情和俄语

一个年轻的足球运动员和一位女体操运动员在莫斯科的奥运会上相识了。

他来自法国,而她住在塞尔维亚。他听不懂塞尔维亚语,她也不会说法语。但是,爱情就是爱情。爱情喜欢交谈。而姑娘们爱听漂亮话!最动听的话语就是年轻人用俄语对她说的"我爱你!",因为他们是在俄罗斯,在莫斯科,于是他们彼此相爱了。

Текст 22

Я очень люблю мою жену

Сегодня плохая погода. Температура только девять градусов. На улице сильный ветер. Идёт сильный дождь. Хорошо, что я дома. Я смотрю телевизор. Я люблю вечером смотреть телевизор. А ещё я очень люблю мою жену, а она очень любит нашу собаку. Поэтому они сейчас на улице вместе, а мне очень жалко, что их нет дома.

Ответьте на вопросы.

1. Какая сегодня погода?
2. Что делает автор дома?
3. Кого он очень любит?
4. А кого очень любит его жена?

参考译文

我很喜欢我的妻子

今天天气不好。气温只有9度。外面风很大。下着大雨。幸好我在家里。我看电视。我喜欢晚上看电视。我也非常喜欢我的妻子,而她却非常喜欢我们的狗。因此,他们现在一起在外面,而我感到非常遗憾的是,他们不在家。

Текст 23

Русская зима

Зима в России — самое долгое и холодное время года. Но русские люди любят зиму.

Зимой в России мороз и снег. Самые сильные морозы зимой — в декабре и в январе. Но морозный солнечный день нравится всем. Русский поэт Александр Сергеевич Пушкин писал: «Мороз и солнце — день чудесный!» Его стихи о зиме называются: «Зимняя дорога»,

«Зимний вечер», «Зимнее утро».

 Ответьте на вопросы.

1. Какая зима в России?
2. Какое время года любят русские?
3. Когда бывают сильные морозы в России?
4. Кто такой Александр Сергеевич Пушкин?
5. Как называются его стихи о зиме?

参考译文

俄罗斯的冬天

俄罗斯的冬季是一年中最漫最长和最寒冷的季节。但俄罗斯人喜欢冬季。

俄罗斯的冬天寒冷、下雪。冬天最寒冷的时期是在12月和1月。但所有人都喜欢寒冷而又有阳光明媚的日子。俄罗斯诗人亚历山大·谢尔盖耶维奇·普希金写过:"严寒和太阳,这是多么美好的日子!"他描写冬天的诗作有:《冬天的道路》、《冬天的夜晚》、《冬天的早晨》。

☞ Текст 24
Это мой дедушка Иван Петрович

Познакомьтесь, это мой дедушка Иван Петрович. Ему 54 года. Он ещё работает. А вечером ему нравится смотреть новости или читать газеты. Но сегодня он смотрит хоккей, потому что очень любит смотреть хоккей моя бабушка, Мария Ивановна.

 Ответьте на вопросы.

1. Кто это?
2. Сколько ему лет?
3. Что он любит делать вечером?
4. А что он делает сегодня?
5. Почему сегодня он смотрит хоккей?

这是我的爷爷伊万·彼得罗维奇

请认识一下，这是我的爷爷伊万·彼得罗维奇。他54岁。他仍然工作。而晚上他喜欢看新闻或读报纸。但今天他看冰球赛，因为我的祖母玛丽亚·伊万诺夫娜非常喜欢看冰球。

Текст 25
Знакомятся Максим Петрович Симонов и Сергей Николаевич

Знакомятся Максим Петрович Си́монов и Сергей Николаевич. Они спортсмены. Максим Петрович тенниси́ст, а Сергей Николаевич шахмати́ст. Максим Петрович первый раз в Петербурге. Ему здесь нравится. А Сергей Николаевич уже был в Петербурге зимой. У него есть друг не́мец. Он живёт в Испании. Они были в Петербурге вместе.

 Ответьте на вопросы.

1. Кто знакомится?
2. Кто они? Где они сейчас?
3. Кто первый раз в Петербурге?
4. Ему там нравится?
5. Кто уже был в Петербурге?
6. Какой друг у него есть?
7. Где он живёт?
8. Они были в Петербурге вместе?
9. Когда они были в Петербурге вместе?

参考译文

马克西姆·彼得罗维奇·西蒙诺夫和谢尔盖·尼古拉耶维奇彼此相识

马克西姆·彼得罗维奇·西蒙诺夫和谢尔盖·尼古拉耶维奇彼此

相识。他们是运动员。马克西姆·彼得罗维奇是网球运动员,而谢尔盖·尼古拉耶维奇是象棋手。马克西姆·彼得罗维奇第一次来圣彼得堡。他喜欢这里。而谢尔盖·尼古拉耶维奇冬天时就已经来过圣彼得堡了。他有一个德国朋友。他住在西班牙。他们一起去过圣彼得堡。

☞ Текст 26
Прослушайте прогноз погоды на *10* и *11* мая

В субботу, 10 мая, ожидается тёплая, сухая и солнечная погода. Температура воздуха днём повы́сится до +14... +18 градусов. Температура ночью пони́зится до +4... +9 градусов. Ветер юго-западный, слабый, 3 – 5 метров в секунду.

В воскресенье, 11 мая, ожидается прохладная и облачная погода. Температура днём понизится до +10... +13 градусов, а ночью станет ещё прохладнее: +2... +3 градуса. Места́ми пройдут кратковре́менные дожди.

 Ответьте на вопросы.

1. Какая погода 10 мая?
2. Какая температура днём и ночью 10 мая?
3. Какой бывает ветер 10 мая?
4. Какая погода 11 мая?
5. Какая температура днём и ночью 11 мая?
6. Какие дожди пройдут местами?

参考译文

请听 5 月 10 日和 11 日的天气预报

请听 5 月 10 日和 11 日的天气预报。5 月 10 日,星期六,预计将是温暖、干燥和晴朗的天气。白天气温将高达零上 14 – 18 度。夜间温度将下降至零上 4 – 9 度。西南微风,风速为 3 – 5 米/秒。

5 月 11 日,星期天,预计将是阴凉天气。白天气温将降至零上 10 – 13 度,而夜间更凉,温度将降至零上 2 – 3 度。一些地方将有阵雨。

Текст 27
Наташа живёт с мамой

Наташа живёт с мамой. У Наташи есть парень. Его зовут Борис. Наташа среднего роста. У неё длинные светлые волосы и голубые глаза.

Её мама — высокая полная женщина. У неё короткие седые волосы и голубые глаза.

Борис нравится и Наташе, и её маме. Он высокий худой парень. У него серые глаза и тёмные волосы.

 Ответьте на вопросы.

1. С кем живёт Наташа?
2. Есть парень у Наташи?
3. Как его зовут?
4. Какого роста Наташа?
5. Какие у неё волосы и глаза?
6. Какая её мама?
7. Кому нравится Борис?
8. Какие у него глаза и волосы?

娜塔莎和妈妈一起生活

娜塔莎和妈妈一起生活。娜塔莎有个男朋友,叫鲍里斯。娜塔莎中等身材。她有一头浅色的长发,长着一双蓝色的眼睛。

她的妈妈长得又高又胖。她有一头灰白短发,也长着一双蓝眼睛。

鲍里斯既被娜塔莎喜欢,也被她妈妈喜欢。他是个又高又瘦的小伙子,长着一双灰色的眼睛,深色的头发。

Текст 28
Я простудился

Вчера была хорошая солнечная погода, но был сильный ветер. Я долго гулял и поэтому простудился. У меня появился насморк. А позавчера погода была тёплая и облачная. Но у меня болела голова, и я не ходил никуда. Три дня назад погода была пасмурная и довольно холодная, шёл дождь. Но я чувствовал себя отлично. Сегодня погода очень плохая, дождливая и прохладная. Я чувствую себя плохо. У меня кашель, насморк и температура.

Ответьте на вопросы.

1. Какая погода была вчера?
2. Что делал автор вчера?
3. Какая погода была позавчера? Как он себя чувствовал?
4. А какая погода была три дня назад? Как он себя чувствовал?
5. Какая погода сегодня? Как он себя чувствует?

昨天是阳光明媚的好天气，但是风很大。我长时间地散步，因此感冒了。我患了伤风。前天天气温暖多云，但我头痛，哪儿都没去。三天前是阴天，非常冷，下着雨。但我却感觉非常好。今天天气非常不好，多雨又凉。我觉得身体不舒服。我患了咳嗽、伤风，而且发烧。

Текст 29
Гастроном

На Невском проспекте есть большой гастроном, который находится недалеко от Садо́вой улицы. Это хороший магазин. Мы уже несколько раз ходили туда. Я покупал там яблоки, груши, апельсины и другие фрукты.

Вчера я и мой друг Сергей были там опять. В этом гастрономе хороший кондитерский отдел. Мы купили торт, печенье и конфеты. В другом отделе мы купили колбасу, ветчину и сосиски. В рыбном отделе мы купили копчёную рыбу.

Ответьте на вопросы.

1. На каком проспекте есть большой гастроном?
2. Что там покупал автор?
3. Кто был там вчера?
4. Что они купили в кондитерском отделе?
5. Что они купили в другом отделе?
6. А что они купили в рыбном отделе?

参考译文

食品店

在涅瓦大街上,有一家离花园街不远的大型食品店。这是一个很好的食品店。我们已经去过那里好几次了。我在那里买过苹果、梨、橙子和其它水果。

昨天我和朋友谢尔盖又去那里了。这个食品店里有一个不错的糖果点心部。我们买了蛋糕、饼干和糖果。我们在另一个部买了香肠、火腿和小灌肠。在鱼类部我们买了熏鱼。

Текст 30
В троллейбусе

От гостиницы до нашего института мы едем на сорок седьмом троллейбусе. Это троллейбус без кондуктора. Каждый пассажир должен прокомпостировать свой талон.

У меня нет талонов. Я покупаю у водителя талоны и прошу молодого человека прокомпостировать один талон. У моего друга — карточка. Он показывает её водителю. Водитель объявляет остановки. Следующая остановка наша. Здесь мы делаем пересадку.

Ответьте на вопросы.

1. На каком троллейбусе они едут от гостиницы до института?
2. У кого автор покупает талоны?
3. Кого он просит прокомпостировать один талон?
4. Что его друг показывает водителю?
5. На какой остановке они делают пересадку?

参考译文

在无轨电车里

我们乘坐47路无轨电车从宾馆到我们学院。这是没有售票员的无轨电车。每位乘客都应该自行检票。

我没有票。我在司机那里买票,并请一位年轻人帮我检票。我朋友有乘车卡,他向司机出示乘车卡。司机报站。下一站我们下车。我们在这里换车。

☞ **Текст 31**

Наша столовая

Наша столовая находится на первом этаже. В столовой мы завтракаем, обедаем и ужинаем. Мы всегда завтракаем в 8 часов, а обедаем в 2 часа.

Вот касса. Я смотрю меню. Я хочу взять на первое молочный суп, на второе — тушёное мясо с картофелем, на третье — компот. Мой друг хочет взять отварную рыбу и мороженое. Мне нравится наша столовая.

 Ответьте на вопросы.

1. Где находится столовая?
2. Когда автор и его друг завтракают и обедают?
3. Что автор хочет взять на первое, на второе и на третье?
4. Что хочет взять его друг?

我们的食堂

我们的食堂在一楼。我们在食堂吃早餐、午餐和晚餐。我们总是在八点钟吃早餐,下午两点吃午餐。

这里是付款窗口,我看着菜单。第一道菜我要牛奶汤,第二道菜要土豆炖肉,第三道要糖水水果。我的朋友想要水煮鱼和冰淇淋。我喜欢我们的食堂。

Текст 32
Я звоню по телефону

Мой преподаватель дал мне номер своего телефона и попросил позвонить ему, чтобы договориться о встрече через неделю. Телефон-автомат находится рядом с нашим институтом. Я опустил жетон, снял трубку, услышал длинный гудок и набрал номер. Сначала я услышал длинные гудки, а затем голос своего преподавателя. Мы договорились о встрече.

Потом я позвонил своей новой знакомой. Когда я набрал номер её телефона, я услышал короткие частые гудки. Телефон был занят.

Ответьте на вопросы.

1. Кто дал автору номер своего телефона и попросил позвонить ему?
2. Где находится телефон-автомат?
3. Что сделал автор?
4. Что он услышал сначала?
5. О чём они договорились?
6. Кому автор позвонил потом?

参考译文

我打电话

我的老师给了我他的电话号码,让我给他打电话,以便商定一周后见面的事。自动电话机在我们学院附近。我投了硬币,拿起话筒,听到拨号音后拨了号码。起初我听到了长音,然后听到老师的声音。我们商定好了见面的事。

然后,我给新认识的女士打电话。当我拨完了她的电话号码时,我听到了频繁的短音,是电话占线了。

☞ Текст 33
В парикмахерской

Я решил подстричься и спросил своего друга, где находится парикмахерская. Он ответил, что одна есть на Большом проспекте, недалеко от метро. Там есть мужской и женский залы. В мужском зале можно вымыть голову, подстричься и уложить волосы. В женском зале тоже можно сделать стрижку и укладку, а также завивку, можно покрáсить волосы, брови и ресницы, сделать маникю́р. В отдельном зале работают визажи́сты и стили́сты.

 Ответьте на вопросы.

1. Где находится одна парикмахерская?
2. Какие залы там есть?
3. Что можно делать в мужском зале?
4. А что можно делать в женском зале?
5. Где работают визажи́сты и стили́сты?

参考译文

 在理发店

我决定理发,于是问我的朋友,哪里有理发店。他回答说,离地铁站不远的大街上有一家理发店。那里有男理发厅和女士理发厅。在男士理发厅可以洗头、剪发、做发型。在女士理发厅也可以剪发、做发型以及烫发,还可以染发、染眉毛和睫毛,修指甲。单间里有美容师和设计师。

Текст 34
Это мои коллеги

Познакомьтесь, пожалуйста, это мои коллеги. Мы работаем в фирме. Это Виктор Петрович Сергéев. Он юрист. Это Светлана Алексеевна Петрова. Она секретарь. Они русские. Раньше Виктор Петрович жил и работал в Англии. Английский язык — почти его родной язык. А это мой коллега Том. Он американец. Он тоже работает в фирме, он экономист. Раньше Том не мог говорить по-русски, но сейчас он отлично говорит по-русски, хорошо понимает и неплохо читает и пишет по-русски. В фирме мы все говорим и по-английски и по-русски.

 Ответьте на вопросы.

1. Кто это?
2. Где они работают?
3. Кто Виктор Петрович по профессии?
4. Кто Светлана Алексеевна по профессии?
5. Кто они по национальности?
6. Где раньше жил и работал Виктор Петрович?
7. А кто Том по национальности?
8. Кто он по профессии?
9. Он говорит по-русски?
10. На каких языках они говорят в фирме?

这是我的同事们

请认识一下,这是我的同事们。我们在公司工作。这是维克多·彼得罗维奇·谢尔盖耶夫。他是律师。这是斯韦特兰娜·阿列克谢耶夫娜·彼得罗娃。她是秘书。他们是俄罗斯人。以前维克多·彼得罗维奇在英国生活和工作。英语几乎是他的母语。而这是我的同事汤姆。他是美国人。他也在公司工作,是经济学家。以前汤姆不能说俄语,但现在他俄语说得非常好，理解得很好，而且能用俄语很好地进行读和写。在公司里我们所有的人都既会说英语，又会说俄语。

Текст 35
Мои друзья

Познакомьтесь, пожалуйста, это мои друзья. Это Ван. Он китаец. Его родной язык — китайский. Его родной город — Пекин. Конечно, Ван очень хорошо говорит, читает и пишет по-китайски. Ещё он может говорить по-английски, но плохо понимает. А это мой друг Ахме́д. Он араб. Его родной язык — арабский. Но Ахмед ещё хорошо говорит по-английски и по-французски. А это моя подруга Марти́на. Она немка. Раньше она жила и училась в Германии. Её родной язык — немецкий. А сейчас мои друзья живут и учатся в России. Они уже хорошо говорят по-русски и неплохо понимают. И ещё они могут читать и писать по-русски.

  Ответьте на вопросы.

1. Ван китаец?
2. Какой его родной язык? Какой его родной город?
3. Ван хорошо говорит по-китайски?
4. Он может говорить по-английски?
5. А кто Ахмед по национальности? Какой его родной язык?
6. Как Ахмед говорит по-английски и по-французски?
7. Кто Мартина по национальности?
8. Где она жила и училась раньше?
9. Какой её родной язык?
10. Где сейчас живут и учатся друзья автора?

我的朋友们

请认识一下，这是我的朋友们。这是王(先生)。他是中国人，他的母语是汉语。他的家乡是北京。当然，王(先生)能很好用汉语说、读和写。他还能说英语,但是弄不懂意思。而这是我的朋友艾哈迈德。他是阿拉伯人,他的母语是阿拉伯语。但艾哈迈德英语和法语说得也不错。而这是我的朋友马丁娜。她是德国人。以前她在德国生活和学习。她的母语是德语。而现在我的朋友们在俄罗斯生活和学习。他们的俄语已经说得非常好了,而且也能很好地理解俄语。他们还能用俄语进行读和写。

Текст 36
Это наша семья

Познакомьтесь, это наша семья. У нас большая семья. Это мой дедушка, ему 65 лет. Его зовут Павел Васильевич. Он уже не работает, а раньше работал в институте. Это моя бабушка. Её зовут Алла Николаевна. Ей 62 года. Сейчас она тоже не работает, а раньше работала на почте. Это мой отец, его зовут Иван Павлович, ему 40 лет. Он бизнесмен и работает в фирме. Это моя мать, ей 38 лет. Её зовут Ирина Ивановна. Она учитель и работает в школе. А это моя сестра. Её зовут Оля. Ей 18 лет. Она студентка и учится в университете. Она не замужем. А меня зовут Сла́ва. Мне 20 лет, и я тоже студент, и я не женат.

 Ответьте на вопросы.

1. Какая это семья?
2. Сколько лет дедушке? Как его зовут?
3. Где он раньше работал?
4. Как зовут бабушку? Сколько ей лет?
5. Где она раньше работала?
6. Как зовут отца? Сколько ему лет?
7. Кто он по профессии, где он работает?
8. Сколько лет маме? Как её зовут?
9. Кто она по профессии и где она работает?
10. Кто Оля и Слава? Сколько им лет?

参考译文

这是我们一家

请认识一下,这是我们一家。我们有一个大家庭。这是我的爷爷,他65岁,他叫帕维尔·瓦西里耶维奇。他已经不工作了,而过去曾在研究所工作。这是我的奶奶,她叫阿拉·尼古拉耶夫娜。她62岁。现在她也不工作了,而以前曾在邮局工作。这是我的父亲,他叫伊万·帕夫洛维奇,他40岁。他是商人,在公司工作。这是我的母亲,她38岁。她叫伊琳娜·伊万诺夫娜。她是教师,在学校工作。而这是我的妹妹。她叫奥莉娅。她18岁。她是一名大学生,在大学学习。她没结婚。而我叫斯拉娃。我20岁,我也是大学生,也未婚。

Текст 37
Это мои друзья: Сун, Поль и Ро́берт

Это мои друзья: Сун, Поль и Ро́берт. Мы студенты и учимся в университете. Суну 20 лет, Полю 21 год, Роберту 19 лет. Мы не женаты, у нас нет детей. Но, конечно, у нас есть родители. Родители Суна живут в Китае, родители Поля живут во Франции, а родители Роберта живут в Англии. А это наши подруги: Агне́та, Софи́я и Ма́рта. Агнете 18 лет, Софии 20 лет, Марте 19 лет. Они не замужем, у них нет детей. У Агнеты есть брат. Он живёт в Швеции. У Софии есть сестра. Она живёт в Италии. У Марты есть брат и сестра. Они живут в Германии. А меня зовут Дима. Я русский. Мне 20 лет. У меня нет детей, нет брата, нет сестры, нет бабушки, нет дедушки, но есть родители. Мои родители живут в России.

Ответьте на вопросы.

1. Кто Сун, Поль и Роберт?
2. Сколько им лет? Они женаты?
3. Кто Агнёта, София и Марта?
4. Сколько им лет? Они замужем?
5. А кто Дима?
6. Кто он по национальности?
7. Сколько ему лет? У него есть дети?
8. Где живут его родители?

参考译文

这是我的朋友们：孙（先生）、波尔和罗伯特

这是我的朋友们：孙（先生）、波尔和罗伯特。我们是大学生，在大学学习。孙20岁，波尔21岁，罗伯特19岁。我们没结婚，没有孩子。但是，当然，我们有父母。孙（先生）的父母在中国住，波尔的父母住在法国，罗伯特的父母住在英国。而这是我们的女性朋友们：阿格涅塔、索菲娅和玛尔塔。阿格涅塔18岁，索菲娅20岁，玛尔塔19岁。她们没结婚，没有孩子。阿格涅塔有个弟弟。他住在瑞典。索菲娅有个姐姐。她在意大利生活。玛尔塔有弟弟和妹妹。他们住在德国。而我叫季马。我是俄罗斯人。我20岁。我没有孩子、兄妹、没有奶奶，没有爷爷，但我有父母。我父母在俄罗斯生活

☞ Текст 38
Меня зовут Игорь

Здравствуйте! Меня зовут Игорь, Игорь Петрович Ду́бов. Я биолог и работаю в зоопарке. У меня очень интересная работа, но наш зоопарк не очень большой. Я говорю по-русски, по-английски и уже немного понимаю по-шведски. Я изучаю шведский язык два месяца. Язык трудный, но интересный, а у меня сильный характер.

Я женат уже 13 лет. Мою жену зовут Ольга. Знаете, где она работает? В цирке. Она, правда, не акроба́тка и не кло́ун, а экономист.

✓ **Ответьте на вопросы.**

1. Как зовут автора?
2. Кто он?
3. Где он работает?
4. Какая у него работа?
5. Сколько времени он изучает шведский язык?
6. Сколько лет он уже женат?
7. Где работает его жена?

8. Кто она по профессии?

参考译文

我叫伊戈尔

您好！我叫伊戈尔，伊戈尔·彼得罗维奇·杜波夫。我是一名生物学家，在动物园工作。我有一份非常有意思的工作，但我们的动物园不是很大。我会说俄语、英语，也懂一点儿瑞典语。我学两个月瑞典语了。这种语言很难，但很有意思，我有一个坚强的性格。

我结婚已经13年了。我妻子叫奥莉加。你们知道，她在哪儿工作吗？在马戏团。的确，她不是杂技演员，也不是小丑，而是经济学家。

☞ Текст 39
Меня зовут Свен Олафсон

Меня зовут Свен Олафсон. Я швед, но сейчас я снова в Петербурге. Это прекрасный город! Здесь белые ночи, как в Швеции. Только в метро слишком много людей. Я много лет изучаю русский язык и уже неплохо говорю по-русски. Люблю читать и слушаю классическую музыку. Я эколог. Я много путешествую, а моя жена Хельга любит сидеть дома. Я часто пишу ей. Я люблю природу и несколько лет работал в Сибири. А вы ещё не были в Сибири? Очень рекомендую!

✓ Ответьте на вопросы.

1. Где сейчас Свен Олафсон?
2. Кто он по национальности?
3. Что он изучает много лет?
4. Как он говорит по-русски?
5. Какую музыку он слушает?
6. Кто он по профессии?
7. Как зовут его жену?
8. Что она любит делать?

参考译文

我叫斯文·奥拉弗森

我叫斯文·奥拉弗森。我是瑞典人,但现在我再一次来到了圣彼得堡。这是一座美丽的城市!像瑞典一样,这里有白夜。只是地铁里的人太多。我学好多年俄语了,现在俄语说得不错。我喜欢阅读,还听古典音乐。我是一名生态学家。我去过很多地方旅游,而我的妻子海莉加喜欢呆在家里。我经常给她写信。我热爱大自然,在西伯利亚工作了几年。您还没到过西伯利亚吧?强烈推荐您去那里!

Текст 40
Меня зовут Владимир Петрович

Добрый день! Меня зовут Владимир Петрович. Я капитан и часто работаю в море. А моя жена Катя работает на телевидении. Мы редко встречаемся, и у нас ещё нет детей. Когда я в море, я мало отдыхаю и много курю. В свободное время я играю в шахматы. Раньше я любил рыбу, но теперь видеть её не могу. Когда я дома, я очень люблю ходить в баню с братом. Мой брат Игорь — очень интересный человек.

 Ответьте на вопросы.

1. Как зовут автора?
2. Кто он и где он работает?
3. А где работает его жена Катя?
4. У них есть дети?
5. Что он делает в свободное время?
6. Какой человек его брат Игорь?

我叫弗拉基米尔·彼得罗维奇

你好!我叫弗拉基米尔·彼得罗维奇。我是船长,经常在海上工作。我的妻子卡佳在电视台工作。我们很少见面,因此我们还没有孩子。当我在海上时,我很少休息,吸很多烟。业余时间我下棋。以前我喜欢鱼,但现在我甚至不能看到鱼。当我在家时,我喜欢同弟弟去澡堂洗澡。我的弟弟伊戈尔是一个非常有趣的人。

☞ Текст 41
Я Екатерина Дýбова

Привет! Я Екатерина Дýбова, журналистка. Я работаю на телевидении, делаю репортáжи о жизни города. Мой муж — капитан, и я часто живу одна. Правда, он регулярно звонит мне. У меня дома много кáктусов — я думаю, они очень красивые. У меня интересная работа и очень мало свободного времени. Я не люблю готовить и обычно обедаю в кафе. Извините, я хочу курить, но забыла купить сигареты.

 Ответьте на вопросы.

1. Кто Екатерина Дýбова?
2. Где она работает?
3. Кто её муж?
4. Какая у неё работа?
5. Где она обычно обедает?
6. Она курит?

参考译文

我是叶卡捷琳娜·杜波娃

你好!我是叶卡捷琳娜·杜波娃,是一名记者。我在电视台工作,做有关城市生活的报道。我的丈夫是船长,所以我常常一个人生活。的确,他经常给我打电话。我家里有很多仙人掌,因为我认为仙人掌非常漂亮。我有感兴趣的工作,空闲时间非常少。我不喜欢做饭,通常在咖啡馆吃饭。对不起,我想吸烟,但我忘了买烟。

Текст 42
Я работаю в офисе в небольшой компании

Я работаю в офисе в небольшой компании. Я люблю работать с людьми, и, потом, мне нужны́ деньги. Я читала объявления в газете и нашла эту работу. Мне здесь не очень нравится: работа скучная, надо сидеть в офисе с утра до вечера, зарплата небольшая, а начальник — тира́н. Я хочу много путешествовать и зарабатывать больше денег. Мне нравится профессия актрисы. Может быть, у меня ещё есть шанс?!

 Ответьте на вопросы.

1. Где работает автор?
2. Что ей нужно?
3. Как она нашла эту работу?
4. Почему ей не очень нравится эта работа?
5. Что она хочет делать?
6. Какая профессия ей нравится?
7. У неё ещё есть шанс?

我在一家小公司的办公室上班

我在一家小公司的办公室工作。我喜欢与人打交道,其次,我需要钱。我读了报纸上的招聘广告,于是找到了这份工作。我不太喜欢这里:工作是枯燥的,从早到晚都必需坐在办公室里,工资微薄,而老板是一个"暴君"。我想多旅游,想赚更多的钱。我喜欢演员的职业。也许,我还有机会吧?!

Текст 43
Комната Олега

В комнате Олега всегда беспорядок. Вот его комната. Книга под столом, носки на столе, ручка под стулом, рубашка на телевизоре, брюки под диваном, гитара на полу, сумка на телевизоре, журнал на рубашке, карандаш на журнале, очки под шкафом, тетрадь на гитаре, подушка на книжной полке, а кот Васька спит на столе.

✓ **Ответьте на вопросы.**

1. Какая комната Олега?
2. Где книга, носки, ручка, рубашка?
3. Что на рубашке?
4. Что на гитаре?
5. Где подушка?
6. А что делает кот на столе?

参考译文

奥列格的房间

奥列格的房间一直都很乱。这是他的房间。书放在桌子下面,袜子放在桌子上,钢笔放在椅子下面,衬衣放在电视上,裤子放在沙发下面,吉他放在地板上,书包放在电视上,杂志放在衬衫上,铅笔放在杂志上,眼镜放在衣柜下面,练习本放在吉他上,枕头放在书架上,而猫瓦西卡睡在桌子上。

☞ **Текст 44**

Мой фотоальбом

Это мой фотоальбом. Это я. Меня зовут Виктор. Это моя подруга Анна. Она работает в школе. Анна учительница. Это мой друг. Его зовут Юра. Он менеджер. Он работает в банке. Это мой брат. Его зовут Саша. Он студент, учится в университете. Это моя сестра. Её зовут Юля. Она врач, работает в поликлинике.

А это моя собака. Её зовут Динка. Это мой кот. Его зовут Вася. Это мой попугай. Его зовут Петя. Это мой жираф. Его зовут Жерар. Это мой крокодил. Его зовут Гена. Это мой лев. Его зовут Леопольд. Я зоолог, работаю в зоопарке.

Ответьте на вопросы.

1. Где работает Виктор? Кто он?
2. Где работает его сестра Юля? Кто она?
3. Где работает Анна? Кто она?
4. Где работает Юра? Кто он?
5. Где учится Саша? Кто он?
6. Как зовут собаку (котá, попугая, жирафа, крокодила, льва)?

参考译文

  我的相册

这是我的相册。这是我。我叫维克多。这是我的朋友安娜。她在中学工作。她是老师。这是我的朋友，他叫尤拉。他是经理。他在银行工作。这是我的弟弟，他叫萨沙。他大学生，在大学里上学。这是我的姐姐尤利娅。她是一位医生，在门诊部工作。

而这是我的狗，它叫丁卡。这是我的猫，它叫瓦夏。这是我的鹦鹉，它叫别佳。这是我的长颈鹿，它叫热拉尔。这是我的鳄鱼，它叫根纳。这是我的狮子根纳，它叫利奥波德。我是动物学家，在动物园工作。

☞ Текст 45
Большая семья

— Вот интересная фотография. Это мы на море. Вот мой сын Николай. Он студент. Это моя дочь Анна. Она студентка. Это мой сын Антон. Он школьник. Это моя дочь Катя, а это моя дочь Настя. Они школьницы. Это мой сын Миша, а это мой сын Саша. Они тоже школьники. А это моя дочь Маша, моя дочь Даша и моя дочь Наташа. Они ещё маленькие.

— Они все — ваши дети?

— Да, это мои дети. А я — мать-героиня. Вот моя медаль.

— А муж? Где ваш муж?

— Муж? На работе, конечно.

Ответьте на вопросы.

1. Какая это фотография?
2. Кто на фотографии?
3. Сколько детей в этой большой семье?
4. Кто они?
5. Где муж?

参考译文

大家庭

这是一张有趣的照片。是我们在海边照的。这是我的儿子尼古拉。他是大学生。这是我的女儿安娜。她是大学生。这是我的儿子安东,他是中学生。这是我的女儿卡佳和纳斯佳。她们是中学生。这是我的儿子米沙,而这是我的儿子萨沙,他们也是中学生。而这是我的女儿玛莎,我的女儿菼莎和我的女儿娜塔莎,她们还很小。

— 他们都是您的孩子吗?
— 是的,都是我的孩子。我是英雄母亲,这是我的奖章。
— 您的丈夫呢? 您的丈夫在哪儿?
— 丈夫? 当然在上班。

Текст 46

Два соседа

Один мой сосед любит путешествовать. Он уже был в Австра́лии, в Америке, в Африке. Скоро он поедет в Индию.

— А сколько ему лет?

— Ему уже 92 года. Он пенсионер. Но он очень активный. А другой сосед любит отдыхать на даче. Он говорит, что в Англии всегда дождь, в Африке жарко, в Финляндии холодно. На даче — не жарко и не холодно. Там тихо, спокойно. Там лес, река. Можно гулять в лесу и думать о жизни.

— А сколько ему лет?

— Ему 22 года. Он студент.

✓ Ответьте на вопросы.

1. Где уже был первый сосед?
2. Где любит отдыхать второй сосед?
3. Где любит гулять второй сосед?
4. О чём он думает в лесу?

参考译文

两位邻居

我的一位邻居喜欢旅游。他已经去过澳大利亚,美国,非洲。他很快将要去印度。
— 他多大了?
— 他已经92岁了。他是一位退休者。但他是一个非常活跃的人。而我的另一位邻居非常喜欢在别墅休息。他说,英国总是下雨,非洲太热了,芬兰太冷。在别墅既不热也不冷。那儿很安静。那儿有树林,有河流。可以在森林中散步和思考人生。
— 他多大了?
— 他22,是个大学生。

☞ Текст 47
Моя бабушка и дедушка

Наташа и Саша смотрят фотоальбом. Наташа спрашивает:
— Кто это летит на парашюте?
— Это моя бабушка.
— А это кто на мотоцикле?
— Это тоже моя бабушка.
— А под водой кто плавает?
— Бабушка. Она любит дайвинг.
— А это кто?
— Это дедушка на кухне. Это его любимое место. Он любит готовить.

— А это кто в свитере?
— Это тоже дедушка. Этот свитер он сам связал.

Ответьте на вопросы.

1. На чём любит летать бабушка?
2. На чём любит ездить бабушка?
3. А что любит делать дедушка?

我的奶奶和爷爷

娜塔莎和萨沙在看相册。娜塔莎问道：
— 这是谁在跳伞？
— 这是我奶奶。
— 而这是谁在骑摩托车？
— 这也是我奶奶。
— 而在水下游泳的是谁？
— 奶奶。她喜欢潜泳。
— 那这是谁？
— 这是我爷爷在厨房。这是他喜欢的地方。他喜欢做饭。
— 这个穿着高领毛衣的是谁？
— 这也是爷爷。这件毛衣是他自己织的。

Текст 48

Как мы одеваемся

Как мы одеваемся? О! Зимой у нас, например, очень холодно. Зимой мы носим пальто и шапки. Женщины ходят в тёплых сапогах. Мужчины тоже носят сапоги. Но сейчас у нас уже весна. И сегодня я в куртке и в ботинках. Правда, вчера было ещё холодно. Поэтому вчера я была в куртке и в тёплом свитере. Летом у нас бывает очень жарко. Когда жарко, я обычно хожу в лёгком платье и в сандалиях. Туфли я ношу редко.

✓ **Ответьте на вопросы.**

1. Что они носят зимой?
2. В чём ходят женщины?
3. Что носят мужчины?
4. Какое время года сейчас?
5. В чём сегодня автор?
6. В чём она была вчера?
7. Какая погода бывает у них летом?
8. В чём ходит автор, когда жарко?
9. Что она редко носит?

参考译文

～ 我们如何穿着

我们如何穿着？噢！比如我们这里冬天很冷。冬天我们穿大衣，戴帽子。女士穿棉靴子。男士也穿靴子。但现在我们这里是春天。所以今天我穿着夹克衫和高勒皮鞋。的确，昨天还很冷。所以我穿了夹克衫和高领厚毛衣。夏天我们这里常常很热。当天气很热时，我通常穿薄连衣裙和凉鞋。我很少穿矮勒鞋。

☞ **Текст 49**
Я работаю в космосе

Я работаю в космосе! Вы знаете, что это такое? Я всегда хотел иметь необычную профессию: каскадёр, президент, астроном. И я нашёл то, что искал: у меня работа опасная, как у каскадёра, зарплата у меня, почти, как у президента, и я знаю о космосе не меньше, чем астроном. Конечно, я хочу больше гулять на свежем воздухе и встречаться с людьми. Ничего, у меня будет время на пенсии. А пенсия у нас, космонавтов, рано.

Ответьте на вопросы.

1. Где работает автор?

2. Кто он?
3. Какая у него работа?
4. Что он хочет больше делать?

 参考译文

～～ 我在太空工作

我在太空工作！您知道这是什么样的工作吧？我一直想有一个不寻常的职业，比如，替身演员、总统、天文学家。于是我找到了一直寻找的职业：我有一个像替身演员一样危险的工作，我的工资几乎和总统差不多，而且我了解宇宙空间不比天文学家少。当然，我想更多地在清新的空气中散步，与人会面。没关系，退休时我就会有时间了。而我们宇航员退休早。

☞ Текст 50

У меня прекрасная работа

У меня прекрасная работа. Иногда люди думают, что моя работа несерьёзная. Я играю на гитаре на улице: иногда блюз, иногда популярные мелодии. В плохую погоду работать трудно, но в хорошие дни на улице гуляет много людей. Они с удовольствием меня слушают, и я неплохо зарабатываю. Конечно, хорошо играть в профессиональной группе, но, с другой стороны, сейчас я свободный человек.

✓ **Ответьте на вопросы.**

1. Какая работа у автора?
2. Где он играет на гитаре?
3. Когда работать трудно?
4. Как он зарабатывает?

 参考译文

～～ 我有一个非常好的工作

我有一个非常好的工作。有时人们认为我的工作不严肃。我在街上弹吉他:有时弹布鲁斯曲(忧郁的抒情乐曲),有时弹流行乐曲。天气不好时很难工作,但天气好时很多人在大街上散步。他们愿意听我的演奏,我也赚不少钱。当然,最好在专业乐队里演奏,但从另一方面看,我现在是一个自由的人。

Текст 51
Познакомьтесь, это семья Ке́вина

Познакомьтесь, это семья Ке́вина. Кевин — музыкант. Его родители — Джон и Анна. Его отец — журналист. Он работает на телевидении. Его мама не работает. Она домохозяйка. У него две сестры — старшая и младшая. Его старшую сестру зовут Али́са. Она уже не студентка. Его младшую сестру зовут Люся. Она студентка. Она учится в университете в Англии. Люся не замужем. Ещё у него есть старший брат. Его зовут Фред. Он работает в большой фирме. Он служащий. Фред не женат. Старшая сестра Кевина Алиса замужем. Её мужа зовут Эрик. Они женаты уже три года. Раньше Алиса работала в школе. Она учительница. Сейчас Алиса не работает, потому что у них недавно родился ребёнок.

  Ответьте на вопросы.

1. Кто отец Кевина и сколько ему лет?
2. Кто мать Кевина и сколько ей лет?
3. Кто старшая сестра Кевина и сколько ей лет?
4. Кто младшая сестра Кевина и сколько ей лет?
5. Кто старший брат Кевина и сколько ему лет?
6. Кто замужем, Алиса или Люся?
7. Кто муж сестры Кевина?
8. Почему сестра Кевина не работает?

参考译文

请认识一下,这是凯文一家

请认识一下,这是凯文一家,凯文是音乐家,他的父母是约翰和安娜。他的父亲是记者。他在电视台工作。他的母亲不工作。她是家庭主妇。他有一个姐姐，一个妹妹。姐姐叫阿利萨，已经不是大学生了。他妹妹叫柳夏。她是大学生，在英国的一所大学学习。柳夏没结婚。他还有个哥哥，叫弗雷德，在一家大公司工作。他是一名职员。弗雷德没结婚。凯文的姐姐阿利萨已婚。她的丈夫叫埃里克。他们结婚已经三年了。以前阿利萨在学校工作，是一名教师。现在阿利萨不上班，因为不久前他们的孩子出生了。

☞ Текст 52
Сейчас я живу и работаю в Москве

Меня зовут Чарлз. Я американец. Сейчас я живу и работаю в Москве. Я неплохо говорю по-русски, но плохо понимаю, когда говорят по телефону. Вчера я позвонил Олегу. Олег — это мой друг, он тоже работает в фирме. Я сказал: «Здравствуйте, можно Олега?» Его мама ответила: «Олега нет дома. Что ему передать?» Я понял, что Олега нет дома, но не понял «Что ему передать?». Я сказал: «Повторите, пожалуйста, ещё раз, что вы сказали». Его мама повторила: «Олега нет дома. Что ему передать?» Я опять не понял и сказал: «Извините, до свидания». Да, я плохо понимаю по-русски. Но буду звонить Олегу позже. Интересно, что сказала его мама?

 Ответьте на вопросы.

1. Кому звонил Чарлз?
2. Что Чарлз сказал маме Олега?
3. Что сказала мама?
4. Что Чарлз понял и что не понял?

我现在在莫斯科生活和工作

我叫查尔斯。我是美国人，现在在莫斯科生活和工作。我俄语说得不错，但打电话时弄不明白。昨天我给奥列格打了电话。奥列格是我的朋友，他也在公司工作。我说：“您好！能请奥列格接电话吗？”他的妈妈回答:"奥列格不在家,有什么要向他转达的吗?"我明白"奥列格不在家",但我没弄懂"有什么要向他转达的吗?"我说:"请再说一遍您说过的话。"他的妈妈重复说:"奥列格不在家,有什么要向他转达的吗?"我还是没弄明白并说:"对不起,再见"。是的,我弄不懂俄语。但我晚些时候要给奥列格打电话的。我感兴趣的是:奥列格的妈妈说了什么?

Текст 53
У Саши есть три друга

У Саши есть три друга: Эрик, Алёша и Эдик. Эдик ирландец, а Эрик швед. Алёша русский, он из города Владимира. Сейчас все они учатся в Петербурге.

Лучший друг Саши — Эрик. Он из Стокгольма, из Швеции. В школе он изучал английский язык, а в университете он изучает немецкий. Кроме того, он изучал немецкий язык в Гамбурге. Он хорошо говорит по-немецки. Эрик хочет хорошо говорить по-русски, поэтому он сначала изучал русский язык в Москве, а теперь — в Петербурге. В Москве он учился в Институте русского языка, а в Петербурге учится в университете. Он думает, что скоро будет хорошо понимать русских людей и читать книги по-русски.

 Ответьте на вопросы.

1. Сколько друзей есть у Саши?
2. Кто они?
3. Где они учатся сейчас?
4. Какой язык изучал Эрик в школе?
5. А какой язык он изучает в университете?
6. Как он говорит по-немецки?
7. Где он изучал русский язык?
8. Где он изучает русский язык теперь?

参考译文

 萨沙有三个朋友

萨沙有三个朋友:埃里克,阿廖沙和埃迪克。埃迪克是爱尔兰人,而埃里克是瑞典人。阿廖沙是俄罗斯人,他来自于弗拉基米尔市。现在他们都在圣彼得堡学习。

萨沙最好的朋友是埃里克。他来自瑞典的斯德哥尔摩。他中学时学过英语,他在大学里学习德语。此外,他在汉堡学过德语。他德语说得好。埃里克想说好俄语,所以,他先在莫斯科学了俄语,而现在在圣彼得堡学。他在莫斯科的俄语学院学习过,而现在在圣彼得堡的一所大学学习。他想很快就能很好地理解俄罗斯人的意思,并能阅读俄文书籍。

Текст 54
Я аспирант

Я уже не студент, я аспирант. Меня зовут Сергей. Мой младший брат Андрюша ещё студент. У нас очень хорошие родители. Наша мать Зоя — домохозяйка. Она очень добрая. Наш отец тоже очень добрый и весёлый человек. Его зовут Александр. Он инженер. У него отличная работа. Ещё у меня есть старший брат и младшая сестра. Мой старший брат Пётр уже взрослый человек. Он очень умный и серьёзный. Пётр — служащий, у него интересная работа. Сестра Ларочка ещё маленькая. Она школьница. У нас большая квартира и дача. Это небольшой дом и маленький сад за городом. У нас нет машины, но у меня есть мотоцикл.

 Ответьте на вопросы.

1. Кто такой Сергей?
2. Кто его младший брат Андрюша?
3. Как зовут их мать и отца? Кто они?
4. Кто Пётр и Ларочка?
5. Какая у них квартира?
6. А какая у них дача?

参考译文

 我是一名研究生

我已经不是一名大学生,我是一名研究生。我叫谢尔盖。我弟弟安德留沙还是个大学生。我们有非常好的父母。我们的母亲卓雅是家庭主妇。她很善良。我们的父亲也是一个非常善良快乐的人。他叫亚历山大。他是工程师。他有非常好的工作。我还有一个哥哥和一个妹妹。我的哥哥彼得已经是成年人。他是非常聪明而又严肃的人。彼得是一名职员,有一份有趣的工作。妹妹拉罗奇卡还小。她是一名中学生。我们家有很大的住宅和别墅。这是郊外的一座小房子和小花园。我们没有汽车,但我有摩托车。

Текст 55
У Саши есть много друзей

У Саши есть много друзей. Все они хорошие и интересные люди. Кирилл, Таня и Толя уже работают, а его лучший друг ещё студент. Его зовут Коля. Он не очень серьёзный человек, но он хорошо учится, потому что Коля очень умный. Родители Коли — учителя. Их зовут Анна Петровна и Родион Сергеевич. Они добрые, умные, но не очень весёлые люди. Ещё у Коли есть брат Стáсик. Он ещё маленький и нигде не учится. У родителей Коли очень большая квартира. Ещё у них есть небольшая дача с маленьким садом. У них есть машина и велосипеды, но нет мотоцикла.

 Ответьте на вопросы.

1. У кого есть много друзей?
2. Какие люди его друзья?
3. Как их зовут?
4. Расскажите о семье Коли.

 参考译文

萨沙有很多朋友

萨沙有很多朋友。他们都是有趣的好人。基里尔、塔尼娅和托利亚已经工作了,而他最好的朋友还是一名大学生。他叫科利亚。他不是一个很严肃的人,但他学习好,因为科利亚非常聪明。科利亚的父母是教师。他们叫安娜·彼得罗夫娜和罗季翁·谢尔盖耶维奇。他们善良、聪明,但不是很快乐的人。科利亚还有一个弟弟斯塔西克,他还小,没上学。科利亚的父母有一套非常大的住宅。他们还有带小花园的小别墅。他们有一辆汽车和几辆自行车,但没有摩托车。

Текст 56
Моя подруга

Моя подруга очень симпатичная девушка. Она среднего роста. Она не худая и не полная. У неё большие карие глаза и прямой маленький нос. Она очень стройная. У неё тонкие чёрные брови и светлые волнистые волосы. Девушка с карими глазами и свтлыми волосами — это очень красиво. Правда? Моя подруга одевается всегда с большим вкусом. Вот и сегодня. Посмотри! Она в коротком зелёном платье. Платье очень идёт ей. Она любит украшения. Иногда она носит бусы и серьги. А сегодня она в красивом браслете.

 Ответьте на вопросы.

1. Какая девушка подруга?
2. Какого она роста?
3. Она худая или полная?
4. Какие у неё глаза и нос?
5. Какие у неё брови и волосы?
6. Как она всегда одевается?
7. В чём она сегодня?
8. Что она любит?
9. Что она иногда носит?

我的朋友

我的朋友是位很可爱的姑娘。她中等个头。她不胖不瘦。她有一双褐色的大眼睛和直直的小鼻子。她非常苗条。她长着清秀的黑眉毛,波浪式的浅色头发。长着褐色眼睛和浅色头发的姑娘很漂亮。是这样吗? 我的朋友穿着非常讲究。看看她今天的穿着。她穿着一件绿色的短连衣裙。连衣裙非常适合她。她很喜欢首饰。有时她戴项链和耳环。而今天她戴着手镯。

Текст 57
У меня есть друг, Антон

У меня есть друг, Антон. Антон очень интересный молодой человек. У него короткие чёрные волосы и синие глаза. У Антона тонкие брови и прямой нос. Одевается он всегда со вкусом. На работе он ходит в тёмных костюмах и белых рубашках. Обычно он носит галстуки. Дома он всегда одет очень просто. Вот и сейчас он в джинсах и в футболке. Мой друг занимается спортом. И все говорят, что он кровь с молоком. На него всегда приятно смотреть. Румянец во всю щёку. Но в последнее время его не узнать. Что с ним случилось? Почему он так изменился? У него появились синяки под глазами. Он похудел и побледнел. Может, он болен? А может, влюблён?

  Ответьте на вопросы.

1. Какой человек Антон?
2. Какие у него волосы и глаза?
3. Какие у него брови и нос?
4. Как он всегда одевается?
5. В чём он ходит на работе?
6. Что он обычно носит?
7. Как он всегда одет дома?
8. В чём он сейчас?
9. Антон занимается спортом?
10. Почему он изменился в последнее время?

参考译文

我有一个朋友安东

我有一个朋友安东。安东是一个很有趣的年轻人。他梳着黑短发,有一双蓝色的眼睛。清秀的眉毛,直直的鼻子。他穿着总是很有品味。

他上班穿深色的西装和白色的衬衫。通常他系领带。在家里他穿得很随便。现在他正穿着牛仔裤和运动衫。我的朋友从事体育运动。而且所有的人都说,他面色红润。看着他总是很舒服。满面红光。但是最近都认不出他了。他怎么了?为什么有这样的变化?他出现了黑眼圈。他瘦了,而且面色苍白。可能他病了?也可能他恋爱了。

Текст 58
У моей подруги Маши есть мечта

У моей подруги Маши есть мечта. Она хочет купить двухэтажный семикомнатным дом. Она говорит, что её дом должен быть большой и светлый. На первом этаже у неё будут гостиная, кухня и две комнаты для гостей. На втором этаже три спальни. Она говорит, что стены в гостиной будут белые. Там будет два дивана и три кресла. Ещё там будут коричневые книжные шкафы, жёлтые настольные лампы и большой красный ковёр. В гостиной в больших вазах будут стоять красные, белые и жёлтые цветы. Маша уже сейчас любит этот большой, светлый, тёплый и уютный дом. Я думаю, что у моей подруги хорошая мечта.

  Ответьте на вопросы.

1. Какая у Маши мечта?
2. Каким будет её будущий дом?
3. Что будет на первом и втором этажах?
4. Какие цветы будут стоять в больших вазах в гостиной?

我的朋友玛莎有一个梦想

我的朋友玛莎有一个梦想。她想买一套两层七室的房子。她说,她的房子应该是大而明亮的。一楼有客厅、厨房和两间客房。二楼有三间卧室。她说,客厅的墙壁将是白色的。那里将有两个沙发和三把圈椅。还要摆放几个褐色的书柜、黄色的台灯,铺一张红色的大地毯。客厅的大花瓶里会插一些红色、白色和黄色的鲜花。玛莎现在已经喜欢这个明亮、温暖而又舒适的大房子了。我觉得我的朋友的有一个美好的梦想。

Текст 59
Сегодня после занятий Том поехал в центр

Сегодня после занятий Том поехал в центр. Обычно он ездит в центр на пятьдесят седьмом троллейбусе. Сегодня он поехал в центр на двадцать третьем автобусе.

В центре Том сначала купил карту города. После этого он пошёл гулять. Том ходил по улицам и смотрел на людей. Он заходил в магазины и смотрел, что можно купить. Потом Том пошёл в кафе «Идеальная чашка», которое находится недалеко от магазина. Там он поел и выпил кофе. Том очень устал, поэтому после кафе он решил поехать домой. Сначала он хотел поехать домой на одиннадцатом троллейбусе, но потом передумал и поехал на такси.

 Ответьте на вопросы.

1. Куда поехал Том сегодня после занятий?
2. На чём он туда поехал?
3. Что он купил в центре?
4. Где он поел и выпил кофе?
5. Почему он решил поехать домой после кафе?
6. На чём он поехал домой?

参考译文

今天下课后汤姆去了市中心

今天下课后汤姆去了市中心。他通常乘坐57路无轨电车去市中心。今天,他乘23路公共汽车去了市中心。

汤姆首先在市中心买了城市地图,之后他去漫步。汤姆走在街上,看着过往的行人。他顺便到商店里看看,有什么可买的东西。然后,汤姆去了离商店不远的《理想一杯》咖啡馆。他在那里吃了点儿东西,喝了咖啡。汤姆非常累,所以,喝完咖啡他决定回家。他最初想乘坐11路无轨电车回家,但后来改变了主意,打车回家了。

Текст 60
Наша семья

Я студент. Я приехал из Англии и сейчас изучаю русский язык. Я учусь на первом курсе. На родине у меня есть семья. Мой отец работает на заводе. Он инженер. Его зовут Джон. Ему 45 лет.

Моя мать работает в школе, она учительница. Её зовут Анна. Ей 41 год.

У меня есть брат. Он студент. Он учится в медицинском институте на втором курсе. Он женат. Его жена тоже студентка.

Наша семья очень дружная. Мы любим бывать вместе.

  Ответьте на вопросы.

1. Кто такой автор?
2. Откуда он приехал?
3. На каком курсе он учится?
4. Расскажите о семье автора на родине.

参考译文

我们的家庭

我是大学生。我来自英国,现在学习俄语。我在大学一年级学习。我的家在家乡。我的父亲在一家工厂工作。他是一名工程师。他叫约翰。他45岁。

我的母亲在学校工作,她是一名教师。她叫安娜。她41岁。

我有一个弟弟。他是一名学生。他在医学院的大学二年级学习。他结婚了,他的妻子也是大学生。

我们的家庭很和睦。我们喜欢在一起。

Текст 61
У меня очень большая семья

У меня очень большая семья. Через неделю у меня день рождения. И я очень хочу, чтобы все мои дети и внуки собрались вместе. Я живу вместе со своей старшей дочерью и её детьми. Живём мы очень дружно. Я помогаю воспитывать внуков. А их у меня трое. И все мальчики. Представляете? Одни мальчики. И чудесные. Старший, Серёжа, уже ходит в школу, а младший ещё даже не говорит. Муж у моей дочери замечательный. Он много работает и хорошо зарабатывает. Моя дочь за ним как за каменной стеной. Я очень за неё рада. Моя младшая дочь учится. И живёт, к сожалению, не с нами. Она живёт в другом городе. Я очень часто думаю о ней. Как она там? Совершенно одна и в чужом городе. Но она пишет, что всё у неё хорошо. Ну что же?! Может быть, это и лучше. Раньше станет самостоятельной. А вот мой сын?! О, я о нём думаю постоянно. Он женился два года назад. Девушка была очень хорошей. Всем нравилась. А он? Вы представляете, через год развёлся. А сейчас живёт с другой женщиной. Я её и не видела. Да и видеть не хочу.

 Ответьте на вопросы.

1. Какая семья у автора?
2. Когда у неё день рождения?
3. С кем она живёт?
4. Сколько у неё внуков?
5. Как работает и зарабатывает муж её старшей дочери?
6. Где живёт её младшая дочь?
7. О ком она постоянно думает?
8. Когда женился его сын?
9. Когда развёлся сын?
10. С кем сын живёт сейчас?

参考译文

我家人口很多

我家人口很多。一周后是我的生日。我很想我的儿孙们都聚集在一起。我与我的大女儿及她的孩子们住在一起。我们生活得很和睦。我帮助教育外孙们。我有三个外孙。都是男孩儿呀。你们能想象出吗？都是男孩儿。而且非常好。老大谢廖扎已经上学，而最小的甚至还不会说话。我女儿的丈夫非常好。他工作很辛苦，薪水很高。他是我女儿的好靠山。我很为她高兴。我的小女儿在学习。很遗憾她不和我们一起住。她住在另一座城市。我经常想她。她在那里怎么样？完全一个人在一个陌生的城市里。但她写信说，她一切都好。有什么办法呢？！可能这样会更好。她能早些独立。而我的这个儿子？！唉，我经常惦念他。他两年前结婚了。姑娘非常好。所有的人都喜欢她。而他呢？你们想象一下，一年后他离婚了。而现在他与另一个女人住在一起。我没有见过她。我也不想见。

Текст 62
Я заболел

В воскресенье я катался на лыжах и, наверное, простудился. Вчера вечером я почувствовал себя плохо. Мне было всё время холодно. А сегодня у меня повысилась температура. Мне стало трудно дышать и глотать. У меня болели горло и голова. Я вызвал врача на́ дом. Врач внимательно осмотрел меня и сказал, что у меня грипп и я должен лежать. Он выписал мне рецепт на лекарство и сказал: «Приходите через три дня в поликлинику. Но если вам будет плохо, вызовите врача на дом». Через три дня я уже чувствовал себя лучше и пошёл в поликлинику.

 Ответьте на вопросы.

1. Как автор почувствовал себя вчера вечером? А сегодня?
2. Вызвал ли автор врача на дом?
3. Что сделал врач?
4. Когда он пошёл в поликлинику?

参考译文

星期天我去滑雪了，可能感冒了。昨晚我觉得身体不舒服。我一直感到冷。今天，我的体温上升了。我感到呼吸和吞咽困难。我的喉咙和头部疼痛。我把医生叫到家里。医生仔细给我做了检查后说，我得了流感，应该卧床休息。他给我开完药方后说：“请您三天后去诊所。但是，如果您要是感觉不舒服,就叫医生到家里来"。三天后我感觉好多了,于是去了诊所。

☞ Текст 63
В универмаге

  Вчера мы были в универмаге «Гостиный двор». Здесь продают костюмы, пальто, рубашки, ботинки и другие товары.
  Вот отдел, где продают мужскую одежду. Здесь висят светлые, темно-коричневые, чёрные и зелёные костюмы, пальто, шляпы и плащи. Мой товарищ покупает светлый костюм. Я хочу купить синий плащ. Синий цвет — мой любимый.
  На втором этаже — обувной отдел. Скоро зима, и я хочу купить зимние тёплые ботинки. В отделе «Мужские рубашки» я покупаю светлую рубашку, а мой друг покупает красивый модный галстук.

✓ Ответьте на вопросы.

1. Что продают в универмаге «Гостиный двор»?
2. Что хочет купить автор?
3. Где находится обувной отдел?
4. Что автор и его друг покупают в отделе «Мужские рубашки»?

 参考译文

在百货商店

  昨天,我们去了《商场》这家百货商店。这里出售西服、大衣、衬衫、鞋和其他商品。
  这里销售男士服装,是男装部。这里挂着浅色、深棕色、黑色和绿色西装、大衣、帽子和风衣。我的同事买了一套浅色西装。我想买一件蓝色风衣。蓝色——是我喜欢的颜色。
  二楼有鞋部。冬天快到了,我想买一双保暖棉鞋。我在《男士衬衫》部买一件浅色衬衫,而我的朋友买一条漂亮的时尚领带。

Текст 64
На почте

Мой друг живёт в Москве. Он часто пишет мне. Я всегда отвечаю на его письма. Сегодня я посылаю ему не письмо, а факс. Завтра у него день рождения. Мне нужно срочно поздравить его. Я иду на почту и подаю текст в окошко. Девушка в окошке выписывает мне квитанцию и получает деньги. Потом я покупаю конверты, марки, открытки и иду домой. Дома первым делом открываю почтовый ящик. Здесь газеты «Аргументы и факты», «Коммерсант» и письмо от мамы.

Вечером я написал маме ответ. Письмо положил в конверт, заклéил его, написал адрес. Утром опущý в почтовый ящик.

 Ответьте на вопросы.

1. Где живёт друг автора?
2. Почему сегодня автор посылает другу факс?
3. Куда идёт автор и что он там делает?
4. Что он делает дома?
5. Что в почтовом ящике?
6. Что он сделал вечером?

在邮局

　　我的朋友住在莫斯科。他经常给我写信。我总是回复他的信件。今天我给他发的不是信,而是传真。明天他过生日。我得赶快向他表达祝贺。我去邮局并将文字提交到窗口。在窗口工作的姑娘给我开一张收据并收费用。然后我买信封、邮票、明信片就回家了。到家的第一件事就是打开邮箱。这里有报纸《论据与事实》、《商人》和我妈妈的来信。
　　晚上我给妈妈写了回信。我把信放到信封里,粘贴封好,写上地址。早晨我要把信投入邮箱。

Текст 65
Родителям

В воспоминаниях многих писателей часто упоминается, какое место занимал в их жизни старинный, ныне почти забытый обычай домашнего чтения вслух. О той радости и той пользе, которое оно приносит, вспоминают пожилые люди. Тихие вечера, мать, отец, бабушка, читающая детям вслух...

Люди помнят, как когда-то читала им вслух учительница, как они сами кому-то — родным, друзьям, младшим или старшим — читали вслух.

Домашнее чтение вслух очень сближает. Когда вся семья вместе, несколько вечеров подряд читает одну книгу, это невольно влечёт за собой обмен мыслями. Книга превращается в друга семьи, её герои оживают и входят в наш дом.

 Ответьте на вопросы.

1. Что часто упоминается в воспоминаниях многих писателей?
2. О чём вспоминают пожилые люди?
3. Что помнят люди?
4. Что очень сближает?
5. Какую роль играет книга в семье?
6. Как вы относитесь к домашнему чтению?

参考译文

致父母

在许多作家的回忆录中经常提到，当今几乎被人遗忘的家庭朗读的老习惯在他们生活中占有什么样的地位。上了年纪的人常回忆起家庭朗读所带来的那种快乐和益处。安静的夜晚、母亲、父亲、为孩子们朗读的祖母……

人们记得，老师是如何给他们朗读的，他们自己是如何为亲人们、朋友们、兄弟姐妹们朗读的。

家庭朗读使家人的关系更加亲密。当全家人在一起,连着几个晚上读一本书时,就促使家人不由自主地进行思想交流。

书变成全家的朋友,书里面的主人公鲜活地走进了我们的家。

☞ Текст 66
В автобусе

На остановке в автобус вошла женщина. В автобусе было много народа. Все места были заняты.

Один молодой человек сидел с закрытыми глазами. Кондуктор подумал, что он спит, и решил разбудить его. Он боялся, что молодой человек проедет свою остановку. Кондуктор сказал:

— Молодой человек, проснитесь.

— Я не сплю, — ответил он.

— Не спите? А почему вы закрыли глаза?

— Я закрыл глаза, потому что не могу смотреть, когда женщины в автобусе стоят.

 Ответьте на вопросы.

1. Кто вошёл в автобус на остановке?
2. Как сидел один молодой человек?
3. Почему кондуктор решил разбудить его?
4. Почему молодой человек закрыли глаза?

参考译文

 在公共汽车里

在公共汽车站一位女士上了车。车里人很多。所有的座位都坐满了。

一个年轻人闭着眼睛坐着。售票员以为他在睡觉,就打算叫醒他。他怕年轻人会坐过站。售票员说:

——年轻人,快醒醒。

——我没睡觉啊,——他回答说。

——没睡?那您为什么闭上眼睛?

— Я закрыл глаза, потому что мне было жаль смотреть, как дама стоит в автобусе.

Текст 67
Вкусный суп

Жили-были мать и сын. Мать работала в поле. А её сын не хотел работать. Он был очень ленивый. Он любил спать и гулять. Однажды мать весь день работала в поле, а сын был дома. Он долго спал, а потом гулял. Вечером сын сказал: "Мама, я хочу есть". "Возьми суп", — сказала мать. "Я не хочу суп. Он невкусный", — сказал сын. Мать ела суп и молчала. Утром она сказала: "Сегодня мы пойдём работать вместе". Они работали весь день. Вечером мать опять дала на ужин суп. "Вот сегодня суп вкусный, а вчера был невкусный", — сказал сын. "Это вчерашний суп", — ответила мать.

Ответьте на вопросы.

1. Кто работал в поле в этой семье?
2. Что любил делать сын?
3. Что произошло однажды?
4. Что сказала мать на следующий день утром?
5. Почему на следующий день суп показался сыну вкусным?

参考译文

美味的汤

从前有一对母子。母亲在田野里干活儿。而他的儿子不想干活儿。他非常懒惰。他喜欢睡觉和散步。有一次母亲在田里干了一天的活儿，而儿子却呆在家里。他睡了好长时间，然后又去闲逛。晚上儿子说："妈妈，我想吃东西。""去拿汤，"——母亲说。"我不想要汤，汤不好喝，"——儿子说。母亲喝着汤，沉默着。早晨她说："今天我们一起去干活儿。"他们干了一天活儿。晚上，母亲又端上汤做为晚餐。"今天的汤好喝，而昨天的不好喝，"——儿子说。"这是昨天的汤，"——母亲回答。

Текст 68
Мой сосед по комнате

Я живу в одной комнате с французом. Его зовут Жорж. Он математик и занимается кибернетикой.

Жорж — спокойный и трудолюбивый человек. Он очень много работает над своей диссертацией. Я люблю поспать, а он встаёт очень рано и сразу садится за работу. Хотя у него мало свободного времени, он всегда помогает мне, если мне нужна его помощь.

Обычно мы отдыхаем вместе. Жорж весёлый и остроумный. У нас много друзей, и они часто собираются в нашей комнате. Жорж хорошо играет на гитаре, и мы часто поём русские и французские песни.

Мы живём дружно. Я не люблю эгоистов, жадных и болтливых людей. Жорж совсем не такой. Он хороший товарищ, добрый и внимательный, заботливый и справедливый.

 Ответьте на вопросы.

1. Кто Жорж?
2. Чем он занимается?
3. Какой он человек?
4. Над чем он очень много работает?
5. Как отдыхают автор и Жорж?
6. Как они живут?

参考译文

 我的室友

我同一位法国人住在一个房间。他叫若尔日,是一名数学家,从事控制论方面的研究。

若尔日是位安静而且勤奋的人。他很用功做自己的学文论文。我爱睡觉,而他总是早早起床,立即坐下来着手工作。尽管他的空闲时间很少,但是如果我需要他的帮助,他总是帮助我。

通常我们在一起休息。若尔日是个快乐又机智的人。我们有很多朋友,他们经常聚在我们的房间里。若尔日吉他弹得好,而且我们经常唱俄罗斯和法国歌曲。

我们生活得很和睦。我不喜欢自私、贪婪和好闲谈的人。若尔日完全不是这样的人。他是个好同志,善良细心,关心他人、为人公正。

Текст 69
Сестра моего друга

Вчера я был в гостях у моего друга. Он познакомил меня со своей младшей сестрой. Её зовут Нина, ей 22 года. Она на 3 года младше брата.

Нина очень похожа на него. Она высокого роста, стройная и красивая. У неё светлые волосы, большие серые глаза, тёмные брови и приятная улыбка. Вчера Нина была в светлом платье, которое ей очень идёт. Брат говорит, что она всегда одевается модно и со вкусом.

Нина, как и её брат, весёлая и общительная девушка, и мы очень хорошо провели вечер. Мне очень понравилась сестра моего друга, и я рад, что познакомился с ней.

 Ответьте на вопросы.

1. У кого автор был в гостях вчера?
2. С кем его познакомил друг?
3. Как выглядит Нина?
4. В чём Нина была вчера?
5. Как всегда одевается Нина?
6. Какой характер у Нины?

参考译文

 我朋友的妹妹

昨天我到我的朋友那里做客。他介绍我同他的妹妹认识了。她叫尼娜,22 岁。她比哥哥小 3 岁。

尼娜长得非常像他。她身材高挑匀称,长得很漂亮。她有一头浅色的头发,长着一双灰色的大眼睛,深色的眉毛,带着可爱的笑容。昨天尼娜穿了一件很适合她的浅色裙子。他哥哥说,她总是穿着时尚,而且有品味。

尼娜像她的哥哥一样,是个快乐、善于交际的姑娘,我们很好地度过了一个晚上。我非常喜欢朋友的妹妹,我很高兴认识她。

Текст 70
Вчера у меня был странный день

Вчера у меня был странный день. Вечером я, наконец-то, собрался в кино. Сначала я задержался дома, потому что ко мне пришёл сосед попросить газету. Потом я сел не на тот автобус. Мне надо было попасть в центр, а автобус шёл в другую сторону. Когда я понял, что я еду не в ту сторону, я вышел из автобуса и пересел на другой автобус. В автобусе я увидел моего старого друга. Мы так заговорились, что я проехал свою остановку. И мне пришлось одну остановку идти пешком. Когда я подошёл к кинотеатру, у входа в кинотеатр уже никого не было.

Ответьте на вопросы.

1. Какой день был у автора вчера?
2. Куда он собрался вечером?
3. Почему он задержался дома?
4. Что случилось потом?
5. Кого он видел в автобусе?
6. Почему ему пришлось одну остановку идти пешком?

昨天对于我来说是非常奇怪的一天

昨天对于我来说是非常奇怪的一天。晚上我终于打定主意去看电影。我先是在家里耽搁了,因为我的邻居来我家要报纸。然后我坐错公共汽车了。我本来应该去市中心,而这辆车是去另一个方向的。当我明白我去的不是电影院的方向时,我下了车,换乘了另一辆公共汽车。在公共汽车里我看见了我的老朋友。我们只顾讲话,我坐过了站。于是我不得不步行了一站。当我到达电影院时,入口处已经没有人了。

Текст 71
Вчера мне надо было купить рыбу

Вчера мне надо было купить рыбу. После работы я пошла из университета в рыбный магазин. К сожалению, этот магазин находится далеко от университета, и шла я, наверное, полчаса. Как я шла? Сейчас вспомню. Я вышла из университета. Повернула налево. Прошла здание университета. Перешла Лесную улицу. Прошла по Университетскому проспекту два квартала. Когда я вышла на улицу Гоголя, я перешла её. И пошла по этой улице. Я прошла магазины «Продукты», «Одежда». Потом я вышла на проспект Толстого и перешла этот проспект. Прошла мимо магазина «Овощи». Около рынка я перешла улицу Гоголя. Я прошла вдоль аптеки и обошла её. Вход в магазин «Рыба» со двора́. Я вошла во двор и увидела вход в магазин.

Ответьте на вопросы.

1. Что автору надо было купить вчера?
2. Куда она пошла после работы?
3. Где находится этот рыбный магазин?
4. Расскажите, как она шла до магазина.

参考译文

昨天我应该买鱼

昨天我应该买鱼。下班后我从学校去了水产店。很遗憾,这家商店离学校很远。我大约走了半个小时。我是怎么走的呢?我现在回想一下。我从学校出来。向左转。走过学校大楼。穿过森林街。沿学府路走过两个街区。当我走到果戈理大街时,我穿过这条街。于是我沿这条街走。我走过了《食品》店和《服装》店。然后走到托尔斯泰大街上,又穿过这条街。我走过了《蔬菜》店。在市场旁穿过果戈理大街。我又沿着药店走,绕过药店。《水产》店入口要从院子里进。我走进院子,看见了水产店入口。

☞ Текст 72
В субботу у моей мамы день рождения

Моя мама родилась в 1950-ом году. Она родилась 10-ого мая. Мой папа старше мамы на два года. Он родился в августе 1948-ого года. Мои родители поженились в 1976-ом году. Через год, в мае 1977-ого года, родилась моя сестра. Я родился 15 апреля 1981-ого года. Сегодня у нас четвёртое мая, среда. В субботу у моей мамы день рождения. Приедут все, даже бабушка. Приедет моя сестра со своим мужем. Они поженились в прошлом году, 10-ого марта. Свадьба была в воскресенье. Я это хорошо помню. На следующий день, в понедельник, они поехали в свадебное путешествие.

  Ответьте на вопросы.

1. Когда родилась мама?
2. На сколько лет папа старше мамы?
3. Когда родился папа?
4. Когда родители поженились?
5. Когда родился автор?
6. В какой день у мамы день рождения?
7. Кто приедет на день рождения мамы?
8. Когда была свадьба у сестры?
9. Когда они поехали в свадебное путешествие?

参考译文

 星期六我妈妈过生日

我妈妈生于1950年5月10日。我爸爸比妈妈大两岁。他生于1948年。我的父母是1976年结婚的。一年后,1977年的5月我姐姐出生了。我出生于1981年4月15日。今天是5月4日,星期三。星期六我妈妈过生日。所有的人都来,甚至我的外婆也来。我姐姐会和她的丈夫一起来。他们是去年 3 月 10 日结婚。婚礼是在星期天举行的。这件事我记得很清楚。第二天,星期一,他们就去结婚旅行了。

Текст 73
Русская сказка

Сказки любят дети, папы и мамы, бабушки и дедушки. Писатели и поэты, композиторы и художники тоже любят сказки. Мы смотрим новые фильмы-сказки, балеты-сказки, слушаем оперы-сказки. Сказки — это искусство народа, его фантазия, его душа.

Обычно русские сказки начинаются так: «Жили-были...» Например:

«Жили-были дед да баба...»

«Жил-был старик, были у него кот и петух...»

«Жили-были старик и старуха. У них была дочка да сыночек маленький...»

«Жили-были дед и баба... И была у них ку́рочка Ря́ба...»

«Жил-был царь. И было у царя три сына...»

Ответьте на вопросы.

1. Кто любит сказки?
2. Что люди смотрят и слушают?
3. Как они понимают сказки?
4. Как обычно начинаются русские сказки?

参考译文

俄罗斯童话

孩子们、爸爸妈妈们、祖父祖母们都喜欢童话。作家和诗人、作曲家和艺术家也喜欢童话。我们看新童话电影、童话芭蕾舞剧,听童话歌剧。童话是人民的艺术,是人民的幻想,是人民的灵魂。

俄罗斯童话故事通常这样开头:"从前有……"例如:

"从前有一个老爷爷和一个老婆婆……"

"从前有一个老头儿,他有一只猫和一只公鸡……"

"从前,有一个老头儿和一个老太婆。他们有一个女儿和小儿子……"

"从前有一个老爷爷和一个老婆婆……他们有一只小母鸡叫里亚巴……"

"从前有一个国王。国王有三个儿子……"

Текст 74
У бабушки

Артёму 9 лет. Летом он с мамой поехал к бабушке в деревню. Там он познакомился с новыми друзьями. Артём пришёл домой и рассказал маме, какие у него интересные друзья. Они играли в разные игры, много бегали. Когда дети устали, они пошли в лес.

— А что вы делали в лесу? — спросила мама.
— В лесу мальчики курили!
— Курили? А сколько им лет?
— Жене 10 лет, Антону 11 лет, а Ваня уже совсем большой, ему 12 лет.
— И они все курят? — удивилась мама.
— Нет, не все. Ваня не курит. Он уже бросил.

Ответьте на вопросы.

1. Сколько лет Артёму?
2. Куда он с мамой поехал летом?
3. С кем он там познакомился?
4. О чём он рассказал маме?
5. Сколько лет Антону и Ване?;
6. Кто из них уже бросил курить?

参考译文

在奶奶家

阿尔乔姆9岁。夏天他和妈妈去了农村奶奶家。在那儿他认识了很多新朋友。阿尔乔姆回到家跟妈妈讲述了他有多么有趣的朋友们。

他们玩不同的游戏,到处跑。当孩子们累了,他们就去森林里了。
— 那你们在森林里干什么了?——妈妈问。
— 男孩们在森林里抽烟了!
— 抽烟?那他们多大呀?
— 热尼亚10岁,安东11岁,而万尼亚已经长大了,他12岁。
— 他们所有人都抽烟吗?——妈妈很吃惊。
— 不,不是所有人。万尼亚不抽烟。他已经戒了。

Текст 75
Какие мы разные

Социологи провели интересное исследование. Они попросили написать девушек и молодых людей, что они любят и что не любят. Вот результаты:

Девушки больше всего любят: бриллиа́нты, шоколад, космéтику.

Молодые люди любят: футбол, хоккей, бокс, дзюдó, каратé, пиво и мотоциклы.

Девушки больше всего не любят: футбол, хоккей, бокс, дзюдо, карате, пиво и мотоциклы.

Молодые люди больше всего не любят: бриллианты, шоколад, косметику.

И как мы живём вместе?

 Ответьте на вопросы.

1. Какое исследование провели социологи?
2. Что любят девушки?
3. Что любят молодые люди?
4. Что не любят девушки?
5. Что не любят молодые люди?

参考译文

~ 我们是多么不同 ~

社会学家进行了一项有趣的研究。他们请青年男女写下他们喜欢

什么,不喜欢什么。结果是这样的:

姑娘们最喜欢:钻石、巧克力、化妆品。

小伙子们喜欢:足球、冰球、拳击、柔道、空手道、啤酒和摩托车。

姑娘们最不喜欢:足球、冰球、拳击、柔道、空手道、啤酒和摩托车。

小伙子们最不喜欢:钻石、巧克力、化妆品。

那么我们怎么生活在一起呢?

☞ Текст 76
Императри́ца Екатери́на Втора́я

Расска́зывают, что императри́ца Екатери́на Втора́я обы́чно встава́ла ра́но, в 6 часо́в, и два часа́ ка́ждое у́тро чита́ла и писа́ла. Пото́м она́ рабо́тала — реша́ла госуда́рственные вопро́сы. Пото́м обе́дала, а по́сле обе́да прика́зывала чита́ть ей вслух. Ве́чером она́ отдыха́ла, люби́ла игра́ть в билья́рд. Обы́чно Екатери́на ра́но шла спать.

Императри́ца люби́ла теа́тр и пра́здники. В воскресе́нье она́ устра́ивала бал во дворце́, в понеде́льник смотре́ла францу́зскую коме́дию, в сре́ду — ру́сскую коме́дию, в четве́рг смотре́ла траге́дию и́ли слу́шала францу́зскую о́перу, а в пя́тницу устра́ивала маскара́д.

 Отве́тьте на вопро́сы.

1. Когда́ обы́чно встава́ла императри́ца Екатери́на Втора́я?
2. Ско́лько вре́мени она́ чита́ла и писа́ла ка́ждое у́тро?
3. Что она́ де́лала пото́м?
4. Что она́ де́лала по́сле обе́да?
5. Чем она́ занима́лась ве́чером?
6. Что люби́ла императри́ца?
7. Когда́ она́ устра́ивала бал во дворе́?
8. Что она́ де́лала в понеде́льник, в сре́ду, в четве́рг и в пя́тницу?

女皇叶卡捷琳娜二世

据说,女皇叶卡捷琳娜二世通常起床很早,6点起床,每天早晨用两个小时阅读和书写。然后,她工作——解决国事问题。接下来吃午饭,而饭后令人给她朗读。晚上她休息,她喜欢打台球。通常叶卡捷琳娜睡得早。

女皇喜欢戏剧和节日。周日她在王宫举行舞会,周一,看法国喜剧,周三看俄罗斯喜剧,周四看悲剧或听法国歌剧,周五则举行化妆舞会。

☞ Текст 77
Я не могу без тебя

Меня зовут Жан. Я живу в Париже. У меня есть подруга. Её зовут Лена. Она живёт в Москве. Мы познакомились в Интернете. Я не говорю по-русски, и это наша главная проблема. Лена говорит и пишет мне письма по-английски. Я тоже пишу ей по-английски. Но недавно я решил написать ей письмо по-русски. Моё письмо перевёл на русский язык компьютер.

Когда я увидел письмо на русском языке, я очень удивился: вместо одного английского слова «you» я увидел шесть разных слов! Помогите все, кто знает русский язык! Это правильно или нет? Вот письмо:

«Лена! Ты — самая фантастическая девушка в мире. Я не могу без тебя. Я скучаю по тебе, поэтому пишу тебе письма каждые тридцать минут. Я люблю тебя. Я хочу быть с тобой. Я всё время думаю о тебе. Жан».

 Ответьте на вопросы.

1. Без кого не может жить Жан?
2. Кому Жан пишет письма?
3. Кого любит Жан?
4. С кем хочет быть Жан?
5. О ком думает Жан?

参考译文

~~ 我不能没有你 ~~

我叫冉。我住在巴黎。我有一个朋友,她叫列娜。她住在莫斯科。

我们是在因特网上认识的。我不会说俄语,这也是我们最主要的问题。列娜跟我说话和给我写信都用英语。我也用英语给她写信。但不久前我决定用俄语给她写封信。我的信是电脑翻译成俄语的。

当我看俄语版的信时,我非常惊讶:我看到一个英语单词《you》是用六个不同的词代替的!请所有懂俄语的人帮帮我!这是对的还是错的?下面是信:

《列娜!你是世界上最令人神往的姑娘。我不能没有你。我很想你,所以我每隔三十分钟给你写封信。我爱你。我想跟你在一起。我一直都在想你。冉》。

Текст 78

Следующая станция...

Я в ресторане. Жду мою девушку. Вот она идёт. Она моя подруга и мой менеджер. Её зовут Алла. Она очень красивая. Я даю ей ро́зы. Алла улыбается и говорит:
— Поцелуй меня!
— Дорогая, — говорю я, — я люблю тебя!
— Осторожно! Двери закрываются. Следующая станция «Ленинский проспект», — говорит она очень громко.
Что? «Ленинский проспект»?! Я спал и опять проехал мою станцию метро!
Я в офисе. Вот идёт мой менеджер Алла. Она очень серьёзная. Она не улыбается. Я даю ей план работы. Она говорит:
— Александр, вы опять опоздали!
— Понимаете, пробка...
— Какая пробка! Я знаю, что вы ездите в офис на метро. Ещё один раз — и вы здесь не работаете!

Ответьте на вопросы.

1. Кто такой Александр?
2. Кто такая Алла?
3. Где сейчас Александр?
4. Что он делает?
5. Что случилось с ним потом?

6. Что сказала Алла Александру в офисе?

参考译文

下一站是……

我在餐厅。等我的女朋友。她来了。她是我的女朋友,也是我的经理。她叫阿拉。她很漂亮。我送给她玫瑰。阿拉笑着说:
— 吻我!
— 亲爱的,——我说道,——我爱你!
— 注意! 关门了! 下一站是《列宁大街》,——她大声说道。
什么?《列宁大街》?! 我睡觉了,再次坐过了地铁站!
我到办公室了。我的经理阿拉走过来了。她很严肃。她没有笑。我把工作计划给她。她说道:
— 亚历山大,你又迟到了!
— 您知道的,堵车……
— 什么堵车! 我知道你坐地铁来上班。再迟到一次你就不要来上班了!

Текст 79

Разные люди в разном возрасте делают разные вещи

Разные люди в разном возрасте делают разные вещи: иногда необычные, иногда героические, иногда просто странные.

Когда Моцарту было 5 лет, он начал писать музыку. Когда Пушкину было 13 лет, он начал писать стихи. Когда Ломоносову было 19 лет, он начал учиться. Когда Толстому было 82 года, он ушёл из дома. Когда Гагарину было 27 лет, он полетел в космос. Когда Васе Петрову было 18 лет, он поехал на экскурсию и написал на стене музея «Здесь был Вася».

Ответьте на вопросы.

1. Что начал делать Моцарт, когда ему было 5 лет?
2. Что начал делать Пушкин, когда ему было 13 лет?
3. Что начал делать Ломоносов, когда ему было 19 лет?

4. Что сделал Толстой, когда ему было 82 года?
5. Что сделал Гагарин в 27 лет?
6. Что сделал Вася Петров в 18 лет?

参考译文

不同的人在不同的年龄做不同的事

不同的人在不同的年龄做不同的事：有时做不寻常的事，有时做英勇的事，有时只是做奇怪的事。

当莫扎特5岁的时候，他开始写音乐。当普希金13岁时，他开始写诗歌。当罗蒙诺索夫19岁时，他开始学习。当托尔斯泰82岁时，他离家出走了。当加加林27岁时，他飞向了太空。当瓦夏·彼得罗夫18岁时，他去旅游了，并在博物馆的墙上写下了《瓦夏到此一游》。

Текст 80
Дóльче вѝта

Андрей любит мечтать. Вот его дом... Два... нет, три этажа. Он на балконе. Нет, он в бассейне. Нет, не так.

Вот его яхта... Он стоит на яхте. А яхта в море. Нет, в океане. На яхте мотоцикл (он давно о нём мечтал). Новая модель «Хáрлей-Дэ́видсон». Рядом красивая блонди́нка. Это популярная тенисси́стка Мария Шарáпова. На столе шампанское и клубни́ка...

— Андрей, иди обедать!
— Да, мама, сейчас!
— Что ты делал? Ты уже сделал домашнее задание?
— Нет, ещё не сделал. Я читал. Очень интересная книга — «Жизнь Рокфéллера». А потом я мечтал...
— О чём?
— О красивой жизни...

Ответьте на вопросы.

1. Что любит делать Андрей?
2. О каком доме он мечтает?

3. О какой яхте он мечтает?
4. Где Андрей?
5. Что он делал?

参考译文

甜蜜的生活

安德烈喜欢幻想。这是他的家……两层……不对，三层。他在阳台上。不，他在游泳池。不对，不是这样的。

这是他的快艇。他站在快艇上。而快艇在大海里，不对，是在大洋上。在快艇上有摩托车（他早就向往有摩托车了）。《哈莱－戴维森》新型摩托车。旁边是漂亮的金发女郎。这是著名的网球运动员玛利亚·莎拉波娃。桌子上有香槟和草莓…

— 安德烈，去吃饭！
— 好的，妈妈，我这就去！
— 你做什么了？你已经做完家庭作业了吗？
— 没有，还没做完，我读书了。非常有意思的书——《洛克菲勒的一生》。而然后我幻想了……
— 幻想什么了？
— 幻想美好的生活了……

Текст 81
Вчера я купил картину

Вчера я купил картину. Я решил повесить её на стену над комодом. Я принёс лестницу и поставил её к стене. Я встал на лестницу, вбил гвоздь и повесил картину. Когда я стоял на лестнице и вешал картину, пришёл мой брат. Я повесил картину, и мы сели за стол обедать. Мы сидели и обедали, когда пришёл мой отец. Отец сказал, что картина висит очень высоко. Я опять взял лестницу и перевесил картину. Теперь картина висела хорошо. Когда вся семья вечером сидела у телевизора и смотрела фильм, картина с грохотом упала. Я поставил картину на комод. Но на комоде она стояла плохо: её там совсем не было видно. Тогда я положил картину в шкаф. Теперь картина лежит в шкафу. Когда я кладу или вешаю вещи в шкаф, я иногда смотрю на картину и думаю: «Какую хорошую картину я купил!»

 Ответьте на вопросы.

1. Что купил автор вчера?
2. Куда он решил её повесить?
3. Что он принёс?
4. Кто пришёл, когда он стоял на лестнице и вешал картину?
5. Что они делали, когда отец пришёл?
6. Что сказал отец?
7. Что сделал автор?
8. Что случилось, когда вся семья вечером сидела у телевизора и смотрела фильм?
9. Куда поставил автор картину?
10. Хорошо ли стояла картина на комоде?
11. Куда он положил её тогда?
12. Где лежит картина теперь?

参考译文

 昨天我买了一幅画

昨天我买了一幅画。我决定将画挂在五斗橱上方的墙上。我拿来了梯子并将梯子放到了墙上。我上了梯子,订入钉子,把画挂上。当我站在梯子上挂画的时候,我弟弟回来了。我们挂上画就坐在桌旁吃饭。我们坐着吃饭时我父亲回来了。父亲说,画挂得太高了。我又拿来梯子,重新挂上画。现在画挂得很好。晚上,当全家人坐在电视机前看电影时,画轰隆一声掉下来了。我把画放到了五斗橱上。但是放在五斗橱上效果很不好:完全看不见画。于是我将画放到了柜子里。现在画在柜子里。当我往柜子里放东西或挂东西时,我有时看看画并想:《我买了一幅多好的画啊!》

Текст 82
Клара и «Зáра»

Это Клара. А это магазин «Зáра». Это её любимый магазин.

Здесь большая распродажа. Скидка — 50 процентов. Клара уже 4 часа здесь. И вот результат.

Вот новое красивое платье. Это другое платье. Оно тоже красивое и очень дорогое. А это новая юбка. Очень красивая юбка. Это замечательный летний костюм. Это новая тёплая шапка и новый тёплый шарф. Это очень красивое пальто. А это новая шуба. Очень-очень дорогая!

Это муж Клары. Он в шоке.

— Клара, это очень много!

— Дорогой, это немного! Твоя жена — молодая и красивая. Ты — богатый бизнесмен. А это твой новый галстук! Правда, красивый?

— Да, красивый... Но я уже не богатый, я бедный...

 Ответьте на вопросы.

1. Где Клара?
2. Сколько часов она уже здесь?
3. Что она себе купила?
4. Что она купила мужу?
5. Кто её муж?

克拉拉和《扎拉》

这是克拉拉。而这是商店《扎拉》。这是克拉拉喜欢的商店。这里正在大甩卖。折扣50%。克拉拉已经在这里呆4个小时了,这就是成果。

这是件漂亮的新连衣裙。这是另一件连衣裙。它也很漂亮,而且很贵。这是一条新裙子,非常漂亮的裙子。这是非常漂亮的夏季套装。这是一顶新的防寒帽子和一条新的防寒围巾。这是件非常漂亮的大衣,而这是一件新的貂皮大衣。非常非常贵。

这是克拉拉的丈夫。他非常震惊。

— 克拉拉,这太多了。

— 亲爱的,这不多!你的妻子又年轻又漂亮。你是一位非常富有的商人。这是你的新领带!漂亮吧?

— 嗯,漂亮……但是我已经不富有了,我贫穷了……

Текст 83
Транспорт и любовь

    Мне очень нравится одна девушка из нашей группы. Я всё время думаю о ней. Утром еду сначала на троллейбусе и думаю о ней. Потом еду на метро и думаю о ней. Потом еду на автобусе и думаю о ней. На уроке тоже думаю о ней. И в столовой обедаю и думаю о ней. Потом еду домой. Сначала еду на автобусе, потом на метро, потом на троллейбусе. И всё время думаю о ней. Летом я ездил домой, во Францию. Сначала я ехал в аэропорт на поезде. И всё время думал о ней. Потом я летел на самолёте. В самолёте я тоже думал только о ней.
    Я хочу стать космонавтом. Значит, когда я стану космонавтом и полечу в космос на космическом корабле, я всё время буду… Что делать?

 Ответьте на вопросы.

1. На чём едет автор в университет?
2. Где он был летом?
3. На чём он ехал в аэропорт?
4. На чём он летал во Францию?
5. О ком он всё время думает?

参考译文

 交通工具和爱情

    我非常喜欢我们班的一位姑娘。我所有时间都在想她。早晨我先乘坐无轨电车，想她。然后乘坐地铁，想她。之后乘坐公共汽车，想她。在课堂上也想她。在食堂吃午饭也想她。然后坐车回家。先乘坐公共汽车，然后乘坐地铁，之后乘坐无轨电车。所有的时间都在想她。夏天我回家乡了，回法国了。我先坐火车去机场。在火车上我一直在想她。然后我坐飞机，在飞机上我也只想她。
    我想成为一名宇航员。这意味着，当我成为一名宇航员并乘坐宇宙飞船飞向太空时,我一直都会......怎么办呢?

Текст 84
Я живу в доме № 2

Я не очень люблю городской транспорт. Но обычно я езжу в университет на автобусе, иногда на троллейбусе. А вчера перед занятиями ко мне заехал мой друг. У него своя машина. Он предложил мне покататься. Мы объехали весь наш район, и я даже не опоздала на занятия. Как мы ехали? Мы выехали из нашего двора на улицу Гоголя. Потом мы повернули на проспект Толстого и проехали один квартал вдоль магазина «Рыба». Потом мы повернули на улицу Некрасова, объехали парк. Затем опять выехали на проспект Толстого. Доехали до театра, объехали школу и бассейн и выехали на Университетский проспект. Когда я вошла в университет, звонка́ на занятия ещё не было.

Ответьте на вопросы.

1. Что автор не очень любит?
2. На чём он ездит в университет?
3. Кто заехал к нему перед занятиями вчера?
4. Что друг предложил автору?
5. Расскажите, как они ехали до университета?

参考译文

我住在2号楼

我不是很喜欢市内交通。但是通常我乘公共汽车去学校,有时也乘无轨电车。而昨天上课前我的朋友来到了我家。他自己有车。他向我提议乘车兜兜风。我们绕过了我们的整个区,我甚至上课没迟到。我们是怎么走的呢?

我们从我们的院子开车出来到果戈理大街。然后我们转弯至托尔斯泰大街,沿《水产》店驶过一个街区。之后我们转向涅克拉索夫大街,绕过公园。在这之后又驶向托尔斯泰大街。我们到达剧院,绕过学校和游泳馆又驶向学府路。当我走进学校时，上课铃声还没响。

☞ Текст 85
В нашей квартире три комнаты

В нашей квартире три комнаты: гостиная, спальня моих родителей и моя комната. Когда вы входите в квартиру, вы попадаете в небольшой холл. В холле три двери. Одна ведёт в гостиную, другая — в кухню. Третья дверь — это дверь в ванную. В гостиной у нас очень уютно. В ней всегда светло, потому что окна гостиной выходят на юг. Из окна гостиной открывается чудесный вид на город. Мы любим, когда в комнатах много света, поэтому кроме люстры по вечерам мы зажигаем ещё и торше́р. Посредине комнаты стоит обеденный стол. Около окна стоит старинный буфет. Слева от него — большой диван. В углу — журнальный столик, на котором стоит телевизор. По вечерам вся семья собирается в гостиной. Моя мама прекрасная хозяйка. Вот и сейчас она что-то готовит на кухне. И мы с отцом с нетерпением ждём ужина.

 Ответьте на вопросы.

1. Сколько комнат в их квартире?
2. Сколько дверей в холле?
3. Куда ведёт третья дверь?
4. Куда выходят окна гостиной?
5. Какой вид открывается из окна гостиной?
6. Почему по вечерам они зажигают ещё торшер?
7. Что стоит посредине комнаты?
8. Что стоит около окна?
9. Где стоит журнальный столик?
10. Что делает мама сейчас?
11. Кто с нетерпением ждёт ужина?

我们的住房有三个房间

我们的住房有三个房间：客厅、我父母的卧室和我的房间。当您走进房屋时，您就到了一个不大的厅。厅里有三个门。一个门通向客厅，另一个门通向厨房。第三个门是通向浴室的。我们的客厅非常舒适。屋里总是很明亮，因为客厅的窗户朝南。从客厅的窗户往外看，展现的是城市的美景。我们喜欢房间里很亮，所以每到晚上，除了吊灯以外，我们还点亮落地灯。在客厅的中间放着餐桌。窗户旁边是老式餐柜。餐柜左侧摆着大沙发。在一个角落里放着杂志桌，上面放着电视。每到晚上全家人都聚集在客厅。我妈妈是很好的主妇。这不现在她正在厨房里做吃的。我和父亲焦急地等待吃晚饭。

Текст 86
Летом мы сделали в квартире ремонт

Летом мы сделали в квартире ремонт. После ремонта в нашей квартире многое изменилось. Ну, например, мы сделали встроенные шкафы. Это очень удобно. Сейчас в квартире стало намного больше места. Мы сделали ремонт на кухне. Заменили газовую плиту на электрическую. В спальню мама купила новые занавески, и папа повесил новую люстру. В ванной мы заменили душ. Теперь нашу квартиру не узнать. Приходите в гости. Будем рады.

Ответьте на вопросы.

1. Когда они сделали в квартире ремонт?
2. Что изменилось в квартире после ремонта?
3. Какие шкафы они сделали?
4. Какой ремонт они сделали на кухне?
5. Что купила мама в спальню?
6. А что папа повесил?
7. Что они заменили в ванной?
8. Как выглядит теперь их квартира?

夏天我们装修了住房

夏天我们装修了住房。装修之后我们的住房有了很多的变化。比如,我们做了几个壁橱。这非常方便。现在住房里的空间大多了。我们对厨房也做了装修。将燃气炉灶换成了电炉灶。妈妈为卧室买了新窗帘,爸爸吊起了新吊灯。浴室也换了淋浴。现在简直认不出我们的住房了。请来做客。我们会很高兴。

Текст 87
Я сняла маленькую квартиру

Меня зовут Нина. Я приехала в Москву из другого города. И поэтому мне надо было или жить в общежитии, или снимать квартиру. Денег у меня было мало. Откуда? Студентка! Да ещё первый курс! И я решила пожить в общежитии. Со мной в комнате жили ещё три девушки. Жить вместе было очень трудно. Комната большая. Она хоть и большая, но жить вчетвером, вместе, очень тяжело. Представляете? Одна хочет заниматься, другая музыку слушать, а если я хочу спать? Что делать? Нет, такая жизнь не для меня! Конечно, университет рядом, рукой подать. Это здорово! Но жить вместе, вчетвером! Нет сил!

На второй год я переехала из общежития. Я сняла маленькую квартиру. Однокомнатную. Маленькую, но очень удобную. Конечно, дорого. Но ничего. Немножко родители помогают. Квартира недалеко от университета. До университета мне ехать недолго, минут двадцать. На автобусе. А остановка автобуса совсем близко от дома. В двух шагах. Рядом с домом парк. Я часто там гуляю. Иногда даже занимаюсь. Беру книги, что-нибудь из еды и иду заниматься. Вот и сейчас я иду из парка. Снимаю эту квартиру уже второй год. Думаю, что и на следующий год останусь здесь же.

Ответьте на вопросы.

1. Откуда Нина приехала в Москву?
2. Где она решила пожить?
3. С кем она жила в одной комнате?

4. Почему Нина больше не хотела с ними жить в одной комнате?
5. Когда она переехала из общежития?
6. Какую квартиру она сняла?
7. Кто немножко ей помогает?
8. Квартира далеко от университета?
9. Сколько времени нужно ехать до университета?
10. Где часто гуляет Нина?
11. Сколько времени она снимает эту квартиру?
12. Она останется здесь на следующий год?

参考译文

我租了一个小房子

我叫尼娜。我是从另一座城市来到莫斯科的。因此我必须或者住在宿舍里或者租房子。我的钱很少。钱从哪儿来呢？我是一个大学生！而且是一年级的！于是我决定住在宿舍里。当时和我住在一个房间的还有三位姑娘。住在一起很困难。房间很大。尽管房间很大，但四个人住在一起还是很艰难。您能想象吗？一个人想学习，另一个想听音乐，而我要想睡觉呢？那怎么办呢？不行，这样的生活不是适合我！当然，学校就在旁边，近在咫尺。这很棒！但是是四个人住在一起啊！极其不喜欢！

第二年我搬出了宿舍。我租了一个小房子。一室的。很小，但很舒服。当然很贵。但是没关系。父母帮助我一些。房子离学校不远。我乘车到学校时间不长，20分钟左右。乘公共汽车。而公共汽车站离房子很近。近在咫尺。房子旁边是公园。我经常在那里散步。有时甚至在那里学习。拿几本书、一些吃的东西去学习。这不现在刚从公园回来。我租这个房子已经是第二年。我想，下一年我仍然会留在这里。

☞ Текст 88

Студентка рассказывает о своей квартире

Меня зовут Надя. Я студентка второго курса. Учусь на филологическом факультете. В этом году я сняла квартиру. Квартира небольшая, однокомнатная, но со всеми удобствами: газ, горячая вода.

Даже телефон есть.

 Справа от окна стоит диван. Над диваном висит фотография моей семьи. На ней мама, папа и две мои сестры. Слева от окна стоит письменный стол.

 Напротив окна висят книжные полки. У меня много книг. И, наверное, мне ещё надо купить книжные полки, потому что книги уже некуда ставить. Слева от книжных полок, в углу, стоит телевизор. Около телевизора стоит журнальный столик и два кресла.

 Слева от двери стоит шкаф. Там висят мои вещи. Шкаф не очень большой, но удобный.

 У меня нет большого обеденного стола. В комнате для него совсем нет места. Конечно, когда приходят гости, без обеденного стола трудно. Но гости приходят ко мне редко.

 Я люблю по вечерам сидеть в кресле, пить чай, смотреть телевизор или слушать музыку.

 Ответьте на вопросы.

 1. Где живёт Надя?
 2. Какую квартиру она сняла в этом году?
 3. Какие удобства есть в квартире Нади?
 4. Кого можно увидеть на фотографии, которая висит в Надиной комнате?
 5. Почему Надя хочет купить новые книжные полки?
 6. Почему в комнате Нади нет обеденного стола?
 7. Что любит делать Надя по вечерам?

女大学生讲述自己的住房

 我叫娜佳。我是大学二年级的学生。我在语言系学习。今年我租了住房。住房不大,一室的,但设备齐全:煤气、热水。甚至还有电话。

 窗户右侧是沙发。沙发的上面挂着我家人的照片。照片上有妈妈、爸爸和两个姐姐。窗户左侧放着写字台。

 窗户对面悬挂着书架。我有很多书。而且大概我还需要买书架,因为书已经无处可放了。书架左侧的一个角落里放着电视,电视旁是杂志桌和两个圈椅。

门的左侧是柜子。柜子里挂着我的东西。柜子不是很大,但很方便。

我没有大的餐桌。房间里完全没有地方放大餐桌。当然,来客人的时候,没有餐桌很困难。但我这里很少来客人。

每到晚上我喜欢坐在圈椅里喝茶、看电视或者听音乐。

Текст 89
В моём городе есть почти все виды транспорта

В моём городе есть почти все виды транспорта: метро, автобус, троллейбус, нет только трамваев. В центре города всегда большое движение. Особенно много машин в час пик. Я езжу в центр каждый день, потому что я работаю в центре. Обычно я добираюсь до работы на метро. Станция метро недалеко от моего дома. Иногда я еду на автобусе. Остановка автобуса тоже рядом, через квартал от моего дома. Когда я опаздываю, я беру такси. Обычно я не иду на стоянку такси, а ловлю машину около дома.

✓ **Ответьте на вопросы.**

1. Какие виды транспорта есть в городе автора?
2. Почему он каждый день ездит в центр?
3. На чём он обычно добирается до работы?
4. Далеко ли станция метро от его дома?
5. На чём он иногда едет?
6. Где остановка автобуса?
7. Что он делает, когда опаздывает?
8. Где он обычно ловит машину?

我住的城市几乎有所有的交通工具

我住的城市几乎有所有的交通工具:地铁、公共汽车、无轨电车,只是没有有轨电车。在市中心交通流量总是很大。特别是在高峰期有很多车。我每天乘车去市中心,因为我在市中心上班。通常我乘地铁去上班。地铁站离我家不远。有时我乘座公共汽车。公共汽车站好在旁边。离我家隔一个街区。当我迟到时,我打出租车。我通常不去出租车站,而是在我家附近截搭出租车。

Текст 90
Как можно определить характер человека

Как известно, цветной телевизор позволяет регулировать цвет, усиливая или ослабляя его яркость. Шведский психолог Макс Люшéр утверждает, что характер человека можно отчасти определить по тому, какой оттенок цвета он предпочитает. Так, зритель, который усиливает красный цвет, имеет характер активный. Тот, кто любит жёлтый цвет, по характеру оптимист, общителен, охотно разговаривает с незнакомыми людьми. Ярко-синие тона любят люди со спокойным характером, довольные жизнью. С ними легко жить. Темно-синие тона предпочитают люди с тяжёлым характером, несколько меланхолúчные. Такие люди любят размышлять.

 Ответьте на вопросы.

1. Что утверждает шведский психолог Макс Люшéр?
2. Какой зритвель имеет активный характер?
3. Какой характер у того, кто любит жёлтый цвет?
4. Какие люди любят ярко-синие тона?
5. Какие люди предпочитают темно-синие тона?

如何确定一个人的性格

众所周知,彩电可以调整颜色,提高或降低它的亮度。瑞典心理学家马克斯·柳舍尔断言,根据人偏爱的颜色色调的不同可以部分地判断一个人的性格。因此,加强红色的观众具有积极的性格。喜欢黄色的人,其性格特点是乐观,善于交际,愿意和陌生人谈话。性情安静、对生活满意的人喜欢鲜艳的蓝色。和他们在一起生活感到轻松。性格压抑、有点儿忧郁的人喜欢深蓝色。这样的人喜欢沉思。

Текст 91
Санкт-Петербург

Санкт-Петербург (Ленинград) — это большой и красивый город. В городе 5 миллионов жителей. Это известный город. Он лежит на северо-западе России, на берегах реки Невы.

В городе много рек, каналов, островов, мостов. Петербург — большой культурный центр. Здесь жили и работали известные русские писатели и поэты А. С. Пушкин, Н. В. Гоголь, Ф. М. Достоевский; русские учёные М. В. Ломоносов, Д. И. Менделеев; художники И. Е. Репин, В. И. Серов, архитекторы Б. Растрелли, К. Росси, В. П. Стасов, А. Н. Воронихин и другие.

В городе много музеев, театров. Самые известные музеи — Эрмитаж, Русский музей, Кунсткамера. В городе много широких улиц, больших площадей, красивых старых дворцов.

Ответьте на вопросы.

1. Какой город Санкт-Петербург?
2. Сколько жителей в этом городе?
3. Где он находится?
4. Кто здесь жил и работал?
5. Какие известные музеи здесь есть?

参考译文

圣彼得堡

圣彼得堡(列宁格勒)是一座美丽的大城市。城市共有500万居民。这是一座著名的城市。它坐落在俄罗斯的西北部,在涅瓦河畔。

城市里有很多河流、运河、岛屿和桥梁。彼得堡是巨大的文化中心。曾在这里生活和工作的有:著名的俄罗斯作家和诗人普希金、果戈理、陀思妥耶夫斯基;俄罗斯著名科学家罗蒙诺索夫、门捷列夫;画家列宾、谢罗夫,建筑师拉斯特雷利、罗西、斯塔索夫、沃罗尼欣等。

城市里有很多博物馆、剧院。最著名的博物馆是埃尔米塔什博物馆、俄罗斯博物馆、珍品陈列馆。城市里有很多宽阔的街道、大广场和古老的美丽宫殿。

Текст 92
Ростóв-на-Донý

Ростов-на-Дону — это самый большой город на Северном Кавказе. Он находится на высоком правом берегу реки Дон. Это не очень старый город, он появился в 1761 году. Его строили как крепость и как порт.

В 1797 году Ростов-на-Дону получил официальный статус города. В 1863 году после войны с Турцией русские корабли уже могли спокойно плавать в Азовском море. Ростов-на-Дону начал быстро развиваться как центр торговли на юге России.

В городе не очень много старых памятников, но недалеко от Ростова есть город, который появился ещё в четвёртом веке. Его основали греки с Босфора. И сейчас можно увидеть части дворцов и зданий, где жили люди 2000 лет назад.

Город Таганрóг, родина писателя Антона Павловича Чехова, находится в 40 километрах от Ростова. В городе есть дом-музей писателя, где можно увидеть, как жила его семья, магазин, где работал его отец. Это настоящий южный город. Там много солнца, моря и фруктов.

✓ Ответьте на вопросы.

1. Где находится Ростов-на-Дону?
2. Какой это город? Когда он появился?
3. Когда Ростов-на-Дону получил официальный статус города?
4. Когда города начал быстро развиваться?
5. Какой город есть недалеко от Ростова?
6. Что здесь можно увидеть?
7. Где находится Город Таганрóг?
8. Что можно увидеть в доме-музее писателя А. П. Чехова?

顿河畔罗斯托夫

顿河畔罗斯托夫是北高加索最大的城市。它位于顿河较高的右岸上。它不是一个很古老的城市,它建成于1761年。起初是作为城堡和港口建设的。

1797年顿河畔罗斯托夫正式成为城市。1863年与土耳其战争之后,俄罗斯军舰可以自由自在地在亚速海上航行。顿河畔罗斯托夫作为俄罗斯南部的贸易中心开始快速发展。

城市中没有很多古迹,但是距罗斯托夫不远处有一座建成于四世纪的城市。它是由希腊人从博斯普鲁斯海峡建立的。现在可以看见2000年前人们居住的部分宫殿和房屋。

作家契诃夫的故乡塔甘罗格距罗斯托夫40公里。城市中有作家的故居博物馆,在那里可以看到作家一家居住的地方以及他父亲工作的商店。这是一座真正的南部城市。那里阳光充足、有一望无垠大海和各种各样的水果。

Текст 93
Город Владимир

Город Владимир находится на берегу реки Клязьмы. Это очень древний город. Его основал в 1108 году киевский князь Владимир Мономах. В 1299 году город стал резиденцией митрополита, административным и культурным центром Древней Руси. Но уже в середине 14 века первое место среди русских городов заняла Москва.

Во Владимире можно увидеть много памятников архитектуры. Например, Золотые Ворота, которые построили в 12-ом веке, Успенский собор, Дмитриевский собор. В Успенском соборе есть фрески 12–13 веков. Их авторы — русские художники Андрей Рублёв и Даниил Чёрный.

В городе есть и памятники архитектуры 15 – 18 веков. Это очень уютный, зелёный, тихий город. Туристы часто посещают Владимир, потому что он находится недалеко от Москвы — около 210 километров.

Недалеко от Владимира на берегу реки Нерль стоит шедевр древнерусской архитектуры — церковь Покрова-на-Нерли. Кажется, что церковь сама выросла на этом месте, как дерево. Так гармонично древний архитектор поставил её. Если вы будете в Москве, обязательно посетите этот город.

 Ответьте на вопросы.

1. Где находится Город Владимир?
2. Какой это город?
3. Какие памятники можно увидеть Во Владимире?
4. Почему туристы часто посещают Владимир?
5. Что стоит недалеко от Владимира на берегу реки Нерль?

弗拉基米尔市

弗拉基米尔市坐落在克利亚济马河畔。这是一座很古老的城市。这座城市由基辅大公弗拉基米尔·莫诺马赫于1108年建立。1299年这座城市成为都主教官邸,是古罗斯的行政和文化中心。但14世纪中期莫斯科占据了俄罗斯第一大城市。

在弗拉基米尔可以看到很多建筑遗迹。比如建于12世纪的金门,圣母升天大教堂,圣德米特里大教堂。在圣母升天大教堂里有12-13世纪的壁画。这些壁画的作者是俄罗斯画家安德烈·鲁布廖夫和丹尼尔·乔尔内。

在城市里有15-18世纪的建筑遗迹。这是一座很舒适、安静的绿色城市。旅游者喜欢参观这座城市,因为它距莫斯科很近——大约有210公里。

在弗拉基米尔不远处的涅尔利河畔上矗立着古罗斯建筑杰作——涅尔利河口圣母教堂。人们感觉这座教堂好像树一样自己长在了这个地方。古代建筑师把它放在这里是多么和谐。如果您到莫斯科,一定要来参观这座城市。

Текст 94
Семья Коли

Как вы уже знаете, у Коли большая семья. В его семье семь человек. Они живут в Новосибирске. Родители уже пожилые. Отец Коли — военный, он долго служил в армии, а сейчас он на пенсии. Иногда он работает — продаёт газеты в киоске. Мама Коли работала в больнице, сейчас она тоже пенсионерка. Она получает небольшую пенсию.

Старший брат Коли работал в научном институте, но зарабатывал мало. Потом он потерял работу и полгода получал пособие по безработице. Теперь он живёт в деревне. Он взял кредит в банке и купил небольшую ферму. Младший брат врач, он закончил медицинский институт и сейчас работает на «Скорой помощи». Ему нравится его работа. У него есть невеста. Она тоже врач и работает в поликлинике.

Старшая сестра — студентка, учится в Новосибирском государственном университете на факультете экономики и финансов. Летом она работала в страховой компании. Младшая сестра ещё школьница, она учится в девятом классе.

Семья Коли живёт дружно. Они любят ходить в гости и принимать гостей.

 Ответьте на вопросы.

1. Какая семья у Коли?
2. Кто его родители?
3. Где работал его старший брат?
4. А где он живёт теперь?
5. Где работает его младший брат?
6. Кто его старшая сестра?
7. Где учится его младшая сестра?
8. Как живёт семья Коли? Что они любят делать?

科利亚一家

正如你们所知道的那样，科利亚有一个很大的家庭。他们家有7口人。他们住在新西伯利亚。父母已经上了年纪。科利亚的父亲是位军人，他在军队服役很长时间，现在已经退休了。有时他工作——在报亭卖报纸。科利亚的母亲曾在医院工作，现在她也退休了。她的退休金不多。

科利亚的哥哥在科研所工作,但赚的钱很少。后来他失业了,并且领了半年的失业补助金。现在他住在农村。他从银行贷款买了一个不大的农场。弟弟是名医生,他毕业于医学院,现在在《急救中心》工作。他喜欢自己的工作。他有未婚妻。她也是医生,在医院工作。

姐姐是名大学生,在新西伯利亚国立大学经济和金融系学习。夏天她在保险公司工作过。妹妹还是名中学生,他在9年级学习。

科利亚一家生活得很和睦。他们喜欢去做客和接待客人。

☞ Текст 95
Добрый день!

Давайте познакомимся! Меня зовут Татьяна Зáйцева. Я живу в Калу́ге. Это небольшой красивый город. Он очень старый. Город стоит на берегу большой реки. В Калуге есть хороший музей, красивые парки, уютные кафе и рестораны. У нас есть большой стадион и театр. Я люблю наш город, его старые це́ркви, тихие зелёные улицы, маленькие, уютные дворы́. Я живу в небольшом старом доме в центре города. В доме два этажа. Мы живём на втором этаже. В квартире есть кухня, прихо́жая, ванная комната, туалет и три комнаты. Там живут мои родители, бабушка и я.

Я работаю в туристической фирме. Я секретарь директора. На работе у меня красивый кабинет. Там стоит компьютер и телефон. Машины у меня нет, гаража́ тоже. Мои родители работают, а бабушка — нет. Она на пенсии.

Обычно я завтракаю дома. Я ем кашу или я́йца, пью кофе или сок. На работе я пишу пи́сьма, говорю по телефону, работаю на компьютере. Днём я пью чай и ем бутербро́ды на работе. Вечером, после работы, мы все обедаем дома. Бабушка хорошо готовит, и мы едим с удовольствием. После обеда я отдыхаю — гуляю в парке, хожу в кино или в театр, читаю, смотрю телевизор.

 Ответьте на вопросы.

1. Где живёт Татьяна Зайцева?
2. Что вы знаете о Калуге?

3. В каком доме она живёт? С кем она живёт?
4. Где она работает? Кто она?
5. Где она обычно завтракает? Что она ест на завтрак?
6. Что она делает на работе?
7. Где она обедает?
8. Что она делает после обеда?

参考译文

你(你们)好!

让我们认识一下吧! 我叫塔季扬娜·扎伊采娃。我住在卡卢加。这是一座不大但很美丽的城市。这座城市很古老。城市坐落在一条大河河畔。在卡卢加有很好的博物馆,漂亮的公园,舒适的咖啡馆和饭店。我们这城有很大的体育场和剧院。我爱我们的城市,爱他古老的教堂,寂静的绿色街道,舒适的小庭院。我住在一座不大但很古老的位于市中心的房子里。房子共两层。我们住在二层。住宅里有厨房、前厅、浴室、卫生间和三个房间。那里住着我的父母、奶奶和我。

我在一家旅游公司工作。我是经理秘书。在单位我有一个很漂亮的办公室。办公室里有电脑和电话。我没有汽车,当然我也没有车库。我的父母在工作,而我的奶奶已经退休了。

通常我都在家吃早饭。我吃粥或鸡蛋,喝咖啡或饮料。在单位我写信、打电话、用电脑工作。白天我在单位喝茶、吃夹火腿面包。晚上下班后我们一起在家吃饭。奶奶做饭很好吃,我们吃得很开心。吃完饭我休息——在公园散步、去电影院或剧院、读书、看电视。

Текст 96

Москва — столица России

Москва — столица России. Это древний город. Он был основан в 1147 году. Его основатель — князь Юрий Долгорукий. Москва находится на берегах Москвы-реки. В Москве живёт около 9 миллионов человек. Это огромный современный город.

Исторический центр Москвы — Кремль и Красная площадь. Кремль стоит на холме, на берегу Москвы-реки. В Кремле находится резиденция Президента России.

Красная площадь находится около Кремля. На ней стоит известный собор — храм Василия Блаже́нного, чудо русской архитектуры XVI века.

В Москве есть широкие проспекты, большие площади, много парков и бульва́ров. Центральные улицы города — это Тверска́я улица, Ленинградский проспект, Арбат, Охотный ряд. В Москве много музеев и театров. Самые известные музеи — Третьяковская галерея, где находится коллекция русского искусства; Музей изя́щных искусств имени Пушкина, где находится коллекция западноевропейского искусства.

В Москве работает и самый известный русский театр оперы и балета — Большой театр.

 Ответьте на вопросы.

1. Когда и кем был основан город Москва?
2. Где находится Москва?
3. Где находятся Кремль и Красная площадь?
4. Где стоит храм Василия Блаже́нного?
5. Назовите центральные улицы Москвы.
6. Какие известные музеи есть в Москве?
7. Какой театр работает в Москве?

参考译文

莫斯科——俄罗斯的首都

莫斯科是俄罗斯的首都。这是一座古老的城市。它建于1147年。城市的建造者是尤里·多尔戈鲁基。莫斯科坐落在莫斯科河畔。莫斯科人口大约有900万。这是一座巨大的现代化城市。

莫斯科的历史中心是克里姆林宫和红场。克里姆林宫坐落在莫斯科河畔的小山岗上。俄罗斯总统的官邸位于克里姆林宫。

红场离克里姆林宫不远。在红场上有一座著名的大教堂——瓦西里·勃拉仁内大教堂(圣瓦西里大教堂),是俄罗斯16世纪建筑的奇迹。

莫斯科有很多宽阔的街道,大型的广场,很多公园和林荫道。城市的主要街道有特维尔大街,列宁格勒大街,阿尔巴特大街,猎人商行大街。莫斯科有很多博物馆和剧院。最著名的博物馆是收藏俄罗斯艺术品的特列季亚科夫画廊;收藏西欧艺术品的普希金优雅艺术博物馆。

莫斯科还有最著名的俄罗斯歌剧和芭蕾舞剧院——大剧院。

Текст 97
Новгород — это древний российский город

Новгород — это древний российский город. Он находится на берегу озера Ильмень и реки Во́лхов. Этот город был основан в IX веке. В городе много старых церкве́й, соборов, монастыре́й. В них можно увидеть древние русские ико́ны и фре́ски.

В центре города на берегу реки Волхов стоит древний Кремль. В Кремле находятся знаменитый Софи́йский собор, Грани́вита́я пала́та и памятник «Тысячелетие России». Напротив Кремля, на другом берегу Волхова, находится большая площадь, где раньше собирались жители города. В древние времена Новгород был республикой и все вопросы жизни города решали сами его жители. Это был богатый торговый город, и его хорошо знали не только в России, но и за рубежом.

Сейчас город посещают тысячи туристов из разных стран мира.

  Отве́тьте на вопросы.

1. Где находится Новгород?
2. Какой это город?
3. Когда он был основан?
4. В городе много старых церкве́й, соборов, монастыре́й?
5. Что здесь можно увидеть?
6. Что есть в центре города?

参考译文

诺夫哥罗德——一座古老的俄罗斯城市

诺夫哥罗德是一座古老的俄罗斯城市。它坐落在伊尔门湖畔和沃尔霍夫河畔。这座城市建立于9世纪。城市里有许多古老的教堂、大教堂和寺院。在那里可以看到古老的俄罗斯圣像和壁画。

沃尔霍夫河畔的市中心矗立着古老的克里姆林宫。在克里姆林宫理有著名的索菲亚教堂。那里有多棱宫和《千年俄罗斯》纪念碑。克里姆林宫对面,沃尔霍夫河的另一岸边有一个很大的广场,过去城市居民常聚集在那里。在古代诺夫哥罗德是一个共和国,城市生活的所有问题都由城市居民自己解决。它曾经是一个富有的商业城市,并且这座城市不仅在俄罗斯,而且在全世界都广为人知。

现在有来自世界不同国家的成千上万的旅游者前来参观这座城市。

☞ Текст 98
Так... Так... Так...

    Мой папа — дипломат. Сейчас он работает в России, поэтому недавно я приехал к родителям в гости в Москву. Я учусь в университете в Лондоне, в Москву приехал в первый раз.

    Месяц назад к нам пришёл мастер. Он делал большой шкаф с зеркалом в коридоре. Я сидел в комнате за компьютером, писал письма друзьям. Каждые пять минут я слышал из коридора странное слово «так».

    Я вышел в коридор. Мастер измерил стену и сказал: «Так...» Потом он измерил другую стену и опять сказал: «Так...» Потом он постучал по стене и сказал «Так...» И так он повторял это слово много раз.

    «Какой странный язык», — подумал я. Вечером я долго не мог заснуть. В голове звучало: «Так... Так... Так...» Утром я уже точно знал, что буду изучать русский язык. Вот так.

✓ Ответьте на вопросы.

1. Кто автор? Где он учится?
2. Почему недавно он приехал в Москву?
3. Кто пришёл к ним месяц назад?
4. Что он делал?
5. Какое странное слово он повторял много раз?
6. Какой язык будет изучать автор?

好……好……好……

我的爸爸是外交官。现在他在俄罗斯工作,所以不久前我来莫斯科父母处做客。我在伦敦的一所大学读书,第一次来莫斯科。

一个月之前有一位师傅来到我们这里。他在走廊做一个大带镜子的大书柜。我坐在房间里的电脑旁,我给朋友们写信。每五分钟我都能听见从走廊传来一个奇怪的词语《好》。

我走到走廊。师傅测量完墙,说:《好……》。然后他测量了另一面墙,又说:《好……》。之后他敲了敲墙说:《好……》就这样他重复这个词许多次。

《多么奇怪的语言》,——我想。晚上我很久都不能入睡。脑子里一直回响着:《好…… 好…… 好……》早上我已准确地知道,我将要学习俄语。就是这样。

☞ Текст 99
Его песни сегодня живут

Владимир Высоцкий — русский актёр и поэт.

Он жил в Москве. Высоцкий учился в школе-студии МХАТ, а потом работал в Москве в Театре на Таганке. Самая известная его работа в театре — главная роль в спектакле «Гамлет».

Владимир Высоцкий — автор и исполнитель песен. Его концерты были в Москве, Петербурге, во Франции, в Польше, США. Его песни русские хорошо знают и сейчас. Например, «Песня о друге». Там есть такие слова: «Если друг оказался вдруг и не друг, и не враг, а так...» Или другая песня. Там такие слова: «Лучше гор могут быть только горы...»

✓ Ответьте на вопросы.

1. Как называется текст?
2. Кто такой Владимир Высоцкий?
3. Где он жил?
4. Где он учился?
5. Где он работал?
6. Как называется его самая известная работа в театре?

7. Где он был?
8. Как называется его известная песня?

参考译文

他的歌今天依然有生命力

弗拉基米尔·维索茨基是俄罗斯演员和诗人。

他曾住在莫斯科。维索茨基曾在莫斯科模范艺术剧院的艺术学校学习，后来在莫斯科塔甘卡剧院工作。他在剧院里最著名的作品是在戏剧《哈姆雷特》中扮演主角。

弗拉基米尔·维索茨基是很多歌曲的作者和表演者。他的音乐演唱会曾遍及莫斯科、圣彼得堡、法国、波兰、美国。直到现在他的歌曲依然为俄罗斯人熟知。例如，《朋友之歌》。歌曲里有这样的歌词："如果朋友突然间变得既不是朋友，也不是敌人，而是……"或者另一首歌曲。那里有这样的歌词："比群山更好的可能只有群山……"

Текст 100
Ромашки в январе

Щенок и котёнок смотрели, как на улице идёт снег. Им было холодно.

— Холодно! — говорит щенок.

— Очень холодно! — говорит котёнок. — А летом тепло...

— А ты хочешь, чтобы снова было лето? — спросил щенок.

— Когда? Сейчас?

— Конечно!

— Хочу. Но так не бывает...

Щенок взял тетрадь и карандаш и нарисовал картину. На картине были зелёные деревья, летнее солнце и ромашки как маленькие солнышки.

Как ты хорошо нарисовал! — сказал котёнок. — Я ещё никогда не видел ромашек в январе! Вот сейчас мне уже не холодно, даже если завтра будет мороз!

✓ **Ответьте на вопросы.**

1. Кто смотрел, как на улице идёт снег?
2. Кто нарисовал картину?
3. Что было на картине?
4. Как себя чувствует котёнок теперь?

参考译文

一月的洋甘菊

小狗和小猫在看外面下雪。他们觉得冷。
— 好冷呀！——小狗说。
— 非常冷！——小猫说。——而夏天暖和……
— 你想重返夏天吗？——小狗问。
— 什么时候？现在吗？
— 当然！
— 我想啊。但这是不可能的……

小狗拿起本和铅笔，画了一幅画。在画上有绿树、夏日的阳光和像小太阳一样的洋甘菊。
— 你画得多好呀！——小猫说。我还从来没有见过一月份的洋甘菊！现在我已经不觉得冷了，即便明天将是严寒天气！

Текст 101
Каша

«Щи да каша — пища наша» — это очень известная русская пословица. Каша — главное блюдо в русской национальной кухне. Каши бывают разные, например овся́ная (её любят есть утром англичане), ри́совая, гре́чневая и другие. Интересно, что в английском языке русское слово каша (kasha) значит гречневая каша.

Кашу делают на воде или молоке. Если каша на молоке, то нужны сахар и масло. Молочную кашу русские едят обычно на завтрак, а кашу на воде — как гарнир на обед или на ужин. Маленькие дети обязательно едят кашу утром, днём и вечером. Если человек слабый, то о нём русские говорят: «Мало каши ел». А если человек говорит непонятно, то русские говорят: «У него каша во рту».

 Ответьте на вопросы.

1. Какое блюдо главное в русской кухне?
2. Кашу едят только русские?
3. Слово каша (kasha) в русском и английском языках значит одно и то же?
4. Какие бывают каши?
5. Какие каши вы пробовали?
6. Когда русские едят кашу?
7. Какие русские пословицы о каше вы запомнили?

粥

"汤和粥是我们的食物"——是非常著名的俄罗斯谚语。粥是俄罗斯民族饮食中的主食。有各种各样的粥,如燕麦粥(英国人早晨喜欢吃)、大米粥、荞麦粥等等。有趣的是,在英语里俄语单词 каша 表示荞麦粥的意思。

可以用水或牛奶做粥。如果用牛奶做粥,需要加糖和黄油。俄罗斯人通常把牛奶粥作为早餐,而水煮粥作为午餐或晚餐的配餐。小孩子们无论是上午,下午和晚上一定要喝粥。如果一个人软弱,那么俄罗斯人通常说:"粥喝得太少(指太年轻,阅历少)"。而如果有人说话说得不清楚,那么俄罗斯人说:"他嘴里含着粥(吐字不清)"。

☞ Текст 102
Снегурочка

Любимая героиня русских народных сказок — Снегурочка. Дед Мороз и эта красивая и очень добрая девочка обязательно приходят в гости на Новый год. Они вместе дарят детям подарки на Новый год.

Писатель Александр Николаевич Островский написал пьесу-сказку, которая называется «Снегурочка». В ней Снегурочка — это дочь

Мороза и Весны. Она хочет узнать, что такое любовь. Но любовь — это горячее чувство, поэтому снежная девочка тает и умирает.

Знаменитый русский художник Виктор Михайлович Васнецо́в написал картину «Снегурочка», а композитор Николай Андреевич Ри́мский-Ко́рсаков — оперу «Снегурочка», которую можно послушать в Большом театре.

  Ответьте на вопросы.

1. Кто в России дарит новогодние подарки детям?
2. Кто такая Снегурочка?
3. Что написал писатель А. Н. Островский?
4. А художник В. М. Васнецов?
5. Вы уже видели эту картину?
6. Где её можно посмотреть?
7. Какую оперу можно послушать в Большом театре?
8. Кто её написал?

参考译文

雪姑娘是俄罗斯民间童话故中事受人喜爱的女主人公。圣诞老人和这个既漂亮又很善良的女孩新年时一定会来做客。他们一起赠送孩子们新年礼物。

作家亚·尼·奥斯特洛夫斯基写了一部叫《雪姑娘》的童话剧。剧中雪姑娘是严寒和春天的女儿。她想知道什么是爱情。但是爱情是火热的感情，所以雪姑娘融化了，死去了。

俄罗斯著名画家维·米·瓦斯涅佐夫画了一幅名为《雪姑娘》的画，而作曲家尼·安·里姆斯基-科尔萨科夫写了歌剧《雪姑娘》，这部歌剧可以在莫斯科大剧院听到。

Текст 103
Пироги

Пироги — это национальное русское угощение. Пироги любят

не только русские, но и иностранцы.

Пироги были уже в древнерусской кухне. Старое славянское слово пир значит «праздничное угощение, большой праздничный обед». И сегодня пироги и пирожки есть в меню ресторанов и кафе. Их можно купить и на улице, и в парке, и на вокзале или в аэропорту.

Все русские любят есть пироги. Вы хотите сделать русские пироги? Пироги бывают разные: мясные, рыбные, грибные или фруктовые. Какой пирог хотите вы? Конечно, если на обед бульон, то лучше сделать пироги с мясом или рыбой. Сладкие пироги — лучшее угощение, когда вы и ваши гости пьёте чай.

Чтобы сделать пироги и пирожки, нужны мука, сахар, соль, яйца, молоко и, конечно, дрожжи.

 Ответьте на вопросы.

1. Кто любит пироги?
2. Что значит старое славянское слово пир?
3. Где можно купить пироги?
4. Какие бывают пироги?
5. Какие пироги лучше сделать, если на обед бульон?
6. Что нужно, чтобы сделать пироги и пирожки?

参考译文

馅饼

馅饼是具有俄罗斯民族特点的待客饮食。不仅俄罗斯人喜欢馅饼，外国人也喜欢。

早在古俄罗斯饮食中就有馅饼。古斯拉夫语单词 пир 的意思是"节日宴请，盛大节日宴"。今天，在饭店和咖啡馆的菜单里都有馅饼和小馅饼。无论是在街上、公园里、火车站或机场，你都可以买到馅饼。

所有俄罗斯人都爱吃馅饼。您想做俄罗斯馅饼吗？馅饼有各种各样的：肉馅的、鱼馅的、蘑菇馅或水果馅的。你想要哪一种馅饼？当然，如果午饭有清汤，那最好做肉馅或鱼馅的。甜馅饼最好当您和您的客人喝茶时食用。

做馅饼和小馅饼需要面粉、糖、盐、鸡蛋、奶，当然还有酵母。

Текст 104
Лето в России

В русском фольклоре есть слова «лето красное». Красное — значит красивое.

Лето — самое тёплое время года в России. Лето — это три месяца в календаре: июнь, июль, август.

Летом обычно температура 22 градуса днём и 11 градусов ночью. Жара, когда температура 30 градусов и больше, в России бывает редко. Летом все отдыхают. Студенты и школьники тоже отдыхают. У них каникулы. Россияне любят отдыхать на даче, в лесу, на озере или на реке, на Волге, на Чёрном море, на Балтийском море.

Русские поэты, писатели, композиторы любят лето. А вот Александр Сергеевич Пушкин лето не любил. Ему не нравилась жара.

Вы слышали песню «Подмосковные вечера»? Это самая известная и любимая русская песня о лете. Все иностранцы хорошо знают эту песню. И русские, и иностранцы любят петь её.

Ответьте на вопросы.

1. Сколько градусов обычно температура днём и ночью летом в России?
2. Где любят отдыхать россияне летом?
3. Кто из русских поэтов не любил лето?
4. Какая песня самая известная и любимая русская песня о лете?

参考译文

俄罗斯的夏天

在俄罗斯民间文学中有句话称"夏天是红色的"。红色的意思是美丽。

夏天是俄罗斯最温暖的季节。夏季在日历中有3个月:6月、7月、8月。

夏季白天气温通常是22度,夜间11度。在俄罗斯很少有气温达

30 度或更高的炎热天气。夏季所有的人都休息。大学生和中小学生也休息。他们有假期。俄罗斯人喜欢在别墅、树林、湖边或河边、在伏尔加河岸上、黑海、波罗的海岸边休息。

俄罗斯的诗人、作家、作曲家喜欢夏天。而亚历山大·谢尔盖耶维奇·普希金不喜欢夏天。他不喜欢炎热。

您听过《莫斯科郊外的晚上》这首歌吗？这是最著名、最为人所喜爱的歌唱夏天的俄罗斯歌曲。所有外国人都熟知这首歌。无论是俄罗斯人还是外国人都喜欢唱这首歌。

☞ Текст 105
Советский космонавт и маленький бразильский мальчик

Космонавты Андриян Николаев и Павел Попович были в Бразилии. Они жили в гостинице. Однажды утром в гостиницу пришла молодая бразильская семья.

— Мы хотим видеть Андрияна Николаева, — сказал мужчина.
— А кто вы? — спросил администратор.
— Андриян Николаев, — ответил мужчина.

Андриян Николаев дон Сантос — так звали его маленького сына. Ему был только один год. Молодые родители дали такое имя сыну, потому что им очень понравился космонавт, который в это время был в космосе.

Вот так и встретились Андрияны Николаевы: советский космонавт и маленький бразильский мальчик.

✓ Ответьте на вопросы.

1. Как звали космонавтов?
2. Где они были?
3. Где они там жили?
4. Почему молодая семья пришла в гостиницу?
5. Почему молодые родители хотели увидеть космонавта Андрияна Николаева?
6. Как звали их сына?
7. Сколько ему было лет?
8. Почему имя у их сына как у русского космонавта?

参考译文

苏联宇航员和巴西小男孩

宇航员安德里扬·尼古拉耶夫和帕维尔·波波维奇去过巴西。他们住在一家宾馆里。一天早晨,一个年轻的巴西家庭来到宾馆。

— 我们想见安德里扬·尼古拉耶夫,——男人说。

— 您是哪位?——管理人员问。

— 安德里扬·尼古拉耶夫,——男人回答。

安德里扬·尼古拉耶夫·东·桑托斯是他小儿子的名字。他只有一岁。年轻的父母给儿子起这个名字,是因为他们非常喜欢当时到过太空的宇航员。

两个安德里扬·尼古拉耶夫就这样相遇了:一位是苏联宇航员,一位是巴西小男孩。

Текст 106
Почему она была не рада?

Один молодой человек любил девушку, а она любила его. Молодой человек часто дарил девушке цветы. Однажды у неё был день рождения. Ей был 21 год, и он решил подарить ей 21 розу. Продавец хорошо знал этого молодого человека, он нравился ему, и поэтому он положил в букет ещё 10 роз.

Когда молодой человек дарил своей девушке цветы, он сказал:

— Поздравляю тебя с днём рождения! Ты моя роза! Эти розы красивые, как ты. И здесь столько роз, сколько тебе лет! Будь всегда такой, как эти цветы!

Он сказал это и увидел, что она не рада. Он не понял, что случилось.

А вы поняли?

Ответьте на вопросы.

1. Кого любил молодой человек?
2. Что он ей часто дарил?

3. Что он хотел подарить ей на день рождения?
4. Сколько девушке было лет?
5. Сколько роз он хотел ей подарить?
6. Почему молодой человек решил подарить девушке 21 розу?
7. Сколько роз было в букете?
8. Почему продавец положил в букет не 21, а 31 розу?
9. Что сказал молодой человек, когда поздравлял девушку с днём рождения?
10. Почему девушка была не рада, когда получила подарок?

她为什么不高兴

一个年轻人喜欢一个姑娘,姑娘也喜欢他。年轻人经常送姑娘鲜花。有一次姑娘过生日。她21岁,于是年轻人决定送她21朵玫瑰。售货员很熟悉这个年轻人,他喜欢年轻人,所以他往那束花里另外多放了10枝玫瑰。

年轻人把花送给姑娘时说:

— 祝你生日快乐!你是我的玫瑰!这些玫瑰像你一样漂亮。你多少岁我就送你多少枝玫瑰!愿你永远像这些花儿一样!

他说完这些话,看到姑娘不高兴了。他不明白发生什么事了。

您明白了吗?

Текст 107
Снег и снеговик

В России зимой много снега. Первый снег можно увидеть уже в октябре-ноябре. И вот они, весёлые зимние игры: дети сразу делают снежные куклы. Это снеговики или снежные бабы. Зимой дети любят играть в снежки, кататься на санках и лыжах, играть в хоккей, а в последнее время популярен сноуборд.

Февраль — последний месяц зимы — в Древней Руси называли «снежен». Но и в марте-апреле в России тоже ещё есть снег. Слово «снег» часто встречается в русских народных пословицах, сказках, песнях, загадках. Например, русские говорят: «как снег на голову», если событие неожиданное. Или русские говорят: «нужен как прошлогодний снег», если вещь им не нужна.

На Новый год на ёлке девочки танцуют танец снежи́нок. У них красивые белые платья. А первый весенний цветок называется подсне́жник. В России подснежник — символ весны.

 Ответьте на вопросы.

1. Что такое снеговик?
2. Какие зимние игры есть в России?
3. Когда в России бывает снег? (Назовите месяцы.)
4. Какие пословицы вы услышали?
5. Что такое снежинка?
6. Почему в России зимой детям весело?
7. Как называется первый весенний цветок — символ весны?

雪和雪人

在俄罗斯冬季里经常下雪。在10月、11月里就可以看到第一场雪。于是就有了快乐的冬天游戏：孩子马上就能用雪做娃娃。这就是雪人或雪婆婆。冬天孩子们喜欢玩打雪仗、滑雪橇和滑雪、玩冰球，而最近流行一种高山速降滑雪运动。

二月是冬季的最后一个月，在古罗斯被称为《二月飞雪》。但俄罗斯在3－4月份还有雪。"雪"这个词经常在俄罗斯民间谚语、童话、歌曲、谜语中遇到。例如，如果出现意想不到的事，俄罗斯人说："突如其来（像雪从天而降）"。如果遇到不需要的东西，俄罗斯人说："毫无用场（如同去年的陈雪）"。

在庆祝新年的枞树游园会上女孩们跳雪花舞。她们穿着美丽的白色连衣裙。而春天的第一朵花叫雪莲花。在俄罗斯雪莲花是春天的象征。

Текст 108
Какая бывает зима

Маленькая девочка не знала, какая бывает зима. Однажды она

была в зоопарке. Там жили слон, олень, воробей, собака, медведь.

— Слон, какая бывает зима? — спросила она.

— А что это такое? — спросил Слон.

— Олень, какая бывает зима?

— Зима бывает долгая.

— Воробей, какая бывает зима?

— Зима бывает трудная. Я не знаю, что мне есть.

— Собака, наверное, ты знаешь, какая бывает зима?

— Бр-р-р! Холодная!

— Медведь, ты, конечно, тоже знаешь, какая бывает зима?

— Зима? Очень короткая. Только одна ночь.

— Мальчик, мальчик, а ты не знаешь, какая бывает зима?

— Зима бывает весёлая! Зимой все катаются на лыжах, на санках, на коньках! А ещё зимой можно играть в снежки!

Вот какая бывает зима!

 Ответьте на вопросы.

1. Какая бывает зима по словам оленя?
2. Какая бывает зима по словам воробья?
3. Какая бывает зима по словам собаки?
4. Какая бывает зима по словам медведя?
5. Какая бывает зима по словам мальчика?

冬天是什么样的

小女孩不知道冬天是什么样的。有一天她来到动物园。那里住着大象、鹿、麻雀、狗和熊。

— 大象,冬天是什么样的? ——她问。

— 你问的是什么呀? ——大象问。

— 鹿,冬天是什么样的?

— 冬天是一个漫长的。

— 麻雀,冬天是什么样的?

— 冬天是一个难过的季节。我不知道我该吃什么。

— 狗,大概,你知道,冬天是什么样的?

— 唑唑! 冬天冷呀!

— 熊,当然,你也知道冬天是什么样的?
— 冬天? 非常短的。只有一个晚上。
— 小男孩,小男孩,你知道冬天是什么样的吗?
— 冬天是很快乐的! 冬季大家都滑雪、滑雪橇、滑冰! 冬季还可以打雪仗玩!
原来冬天就是这样的!

☞ Текст 109
Москва — это столица России

Москва — это столица России. Это очень большой и красивый город. Здесь современные улицы и площади, старые памятники и дворцы́.

Вот Красная площадь. Она называется так, потому что в древнерусском языке слово «красный» значило красивый, прекрасный. На Красной площади москвичи и гости столицы отмечают праздники, смотрят праздничный салют. В Кремле находится богатая коллекция древнерусского искусства. Рядом — Исторический музей. Недалеко и Театральная площадь. Вы, конечно, знаете, что здесь находится старе́йший русский театр оперы и балета, который называется Большой театр. Этот театр знают и любят не только в России, но и в Европе, Азии, Америке и Австралии. А ещё здесь есть и другие известные театры, например, Малый театр, Российский театр молодёжи.

В центре есть старая и интересная улица. Она называется Старый Арбат. Здесь жили писатели, поэты, артисты, художники. Москвичи и гости города очень любят её. В центре находится главная улица Москвы — Тверска́я улица. Туристы обязательно бывают здесь. Тут, в центре, находится и Российская государственная библиотека — самая большая и старая библиотека в России. А рядом — старое здание МГУ имени Ломоносова.

✓ **Ответьте на вопросы.**

1. Почему Красная площадь так называется?
2. Где москвичи и гости столицы отмечают праздники?
3. Где находятся Исторический музей и Театральная площадь?

4. Какие театры есть в Москве?

5. На какой улице жили русские писатели, поэты, артисты, художники?

6. Где находятся Российская государственная библиотека и старое здание МГУ имени Ломоносова?

参考译文

莫斯科是俄罗斯的首都

莫斯科是俄罗斯的首都。这是一座美丽的大城市。这里有现代化的街道和广场、古迹和宫殿。

这就是红场。如此命名是因为，在古俄语中"红色的"一词意思是"漂亮的、非常美丽的"。莫斯科人和首都的客人在红场庆祝节日，观看节日礼炮。在克里姆林宫里有丰富的古俄罗斯艺术收藏品。旁边是历史博物馆。不远处就是剧院广场。当然，您知道，这里有一座最古老的俄罗斯歌剧和芭蕾舞剧院，被称为大剧院。这座剧院不仅在俄罗斯闻名和深受喜爱，而且也在欧洲、亚洲、美洲和澳洲也是如此。这里还有其他著名的剧院，如小剧院，俄罗斯青年剧院。

在市中心有一条古老而有趣的街道，叫老阿尔巴特大街。作家、诗人、演员和艺术家们曾在这里居住。莫斯科人和城市的客人喜欢这条大街。在市中心有一条莫斯科的主要街道——特维尔大街。旅游者们一定会到这里。在这里，在市中心，坐落着俄罗斯国家图书馆——俄罗斯最大和最古老的图书馆。而旁边是莫斯科国立罗蒙诺索夫大学的老校舍。

Текст 110
Почему у тебя всё время занято

У меня есть подруга. Её зовут Марта. Она немка. Сейчас она живёт в Москве и учится в университете. Марта хорошо говорит по-русски, но ещё не очень хорошо понимает. Вчера я позвонил ей вечером в 8 часов. Занято. Позвонил через час. Занято. Позвонил через два часа. Занято. Ещё раз я позвонил уже утром в 10 часов. Опять занято. Я звонил днём, звонил вечером, звонил ночью. Занято! В университете я спросил Марту: «Почему у тебя всё время занято? У тебя не работает телефон?» Марта ответила: «Нет, всё в порядке. Но я хочу хорошо говорить по-русски и много говорю по телефону. Утром я звонила Тане и Лене, днём Игорю и Диме, вечером Серёже и Ире. Это мои русские друзья. Раньше я плохо понимала, что они говорят, но сейчас понимаю лучше». Я сказал: «Это всё хорошо. Но когда же можно тебе звонить?» Марта ответила: «Джим, а зачем мне звонить? Ты плохо говоришь по-русски».

 Ответьте на вопросы.

1. Марта живёт в Москве?
2. Она хорошо говорит по-русски?
3. Когда Джим звонил Марте?
4. Что Джим спросил у Марты в университете?
5. Что ему сказала Марта?
6. Кому она звонила утром, днём и вечером?
7. Что потом спросил Джим?
8. Что ответила Марта?

参考译文

 为什么你的电话一直占线

我有个朋友,她叫玛尔塔。她是德国人。她现在住在莫斯科,在大学学习。玛尔塔俄语说得好,但还没有弄得很明白。昨天晚上8点我给她打了电话,占线。过了一小时打电话,占线。两小时后打,占线。早晨10点我再次给她打电话,还是占线。我白天打、晚上打、夜间打,都是占线! 我在学校问了玛尔塔:"为什么你的电话一直占线? 你的电话不好使吗?"玛尔塔回答:"没有,一切正常。但是我想说好俄语,于是就多打电话说俄语。早晨我给塔尼娅和列那打了电话,白天给伊戈尔和季马打了电话,晚上给谢廖扎和伊拉打了电话。这是我的俄罗斯朋友们。以前我听不懂他们说什么,但现在好一些了。我说:"这很好,但我什么时候可以给你打电话呢?"玛尔塔回答:"吉姆,你为什么要给我打电话呢? 你俄语说得不好,"

☞ Текст 111
Я учусь в Московском государственном университете

  Я англичанин. Меня зовут Тони. Раньше я жил и учился в Англии, в Лондоне. Лондон — это мой родной город. А сейчас я живу и учусь в Москве. Я учусь в Московском государственном университете, в МГУ. А живу в общежитии. Наше общежитие находится на Ломоносовском проспекте. До университета можно идти пешком. Это минут 30. А можно доехать на троллейбусе четыре остановки.
  Мой друг Фил сейчас тоже живёт и работает в Москве. Он работает в английской фирме. Фирма находится на Тверской улице, а живёт Фил на Кутузовском проспекте. До работы он едет на машине. Днём Фил работает, а я учусь. А вечером мы отдыхаем. Мы уже были в Большом театре, а завтра идём в цирк. Ещё мы хотим поехать в Измайловский парк, но не знаем, где он находится. Вы не скажете, как доехать до Измайловского парка?

 Ответьте на вопросы.

1. Кто Тони по национальности?
2. Где он раньше жил и учился? А где он учится сейчас?
3. Где находится их общежитие?
4. Как можно дойти или доехать до университета?
5. Где живёт и работает его друг Фил?
6. Где находится его фирма? А где он живёт?
7. Как он едет до работы?
8. Что они делают вечером?
9. Где они уже были?
10. Куда они хотят ещё поехать?

我在莫斯科国立大学学习

我是英国人。我叫托尼。以前我在英国伦敦生活和学习。伦敦是我的家乡。而现在我在莫斯科生活和学习。我在莫斯科国立大学学习。我住宿舍。我们的宿舍在罗蒙诺索夫大街。到学校可以步行，需要30分钟左右。也可以乘无轨电车坐四站地到达学校。

我的朋友菲尔现在也在莫斯科生活和工作。他在一家英国公司工作。公司位于特维尔大街，而菲尔住在库图佐夫大街。他开车去上班。白天菲尔工作，我学习。而晚上我们休息。我们已经去过大剧院，明天要去马戏团。我们还想去伊兹梅洛夫斯基公园，但不知道在哪。您能告诉我，怎么能到伊兹梅洛夫斯基公园吗？

☞ Текст 112
Мой брат

Каждое утро мой брат встаёт в восемь часов утра. Он встаёт, умывается, а после этого он завтракает. После завтрака он чистит зубы и одевается. Сегодня он проснулся поздно. Он умылся, почистил зубы, но не позавтракал, потому что он опаздывал на работу. Каждый день мой брат обедает в кафе со своими коллегами. После работы он часто встречается с друзьями, ужинает с ними и ходит в спортзал. Мой брат редко возвращается домой рано. Обычно он возвращается домой в девять или в десять часов вечера, поэтому он никогда не смотрит телевизор. Он часто ложится спать поздно, примерно в двенадцать часов или в час ночи. Вчера он вернулся домой рано, примерно в 7 часов. Мы поужинали все вместе, немного посмотрели телевизор и рано легли спать.

 Ответьте на вопросы.

1. Когда встаёт брат каждое утро?
2. Что он делает после этого?
3. Что он делает после завтрака?
4. Почему она не позавтракал сегодня?
5. Где он обедает каждый день?
6. Что он делает после работы?
7. Почему он никогда не смотрит телевизор?
8. Когда он часто ложится спать?
9. Когда он вернулся вчера?

参考译文

我的弟弟

我弟弟每天早晨八点起床。他起床,洗脸,然后吃早饭。早饭后,他刷牙,穿衣。今天他醒得晚了。他洗完脸,刷完牙,但是没吃早饭,因为他上班要迟到了。我弟弟每天和同事们一起在咖啡厅吃午餐。下班后,他常常和朋友们会面,与他们一起吃晚饭,去健身房。我弟弟很少早回家。他通常晚上九、十点钟回家,所以他从来不看电视。他常常很晚睡觉,大约夜里十二点或一点钟睡。昨天他回家早,大约是7点钟。我们一起吃了晚饭,看了一会儿电视就早早上床睡觉了。

Текст 113
Я поехал в центр

Сегодня после занятий я сначала пошёл в наше кафе и пообедал. После обеда я поехал в центр. Обычно я езжу в центр на пятом или на седьмом троллейбусе. Сегодня я поехал в центр на пятнадцатой маршрутке.

В центре я сначала пошёл в магазин и купил карту города. После этого я пошёл гулять. Я ходил по улицам и смотрел на людей. Я заходил в магазины и смотрел, что там можно купить. Я долго гулял, и поэтому мне надо было поесть. Я пошёл в кафе «Идеальная чашка». Оно находится недалеко от метро. Там я выпил кофе и съел пирожное. Я очень устал, поэтому после кафе я поехал домой. Я ехал домой на метро.

Ответьте на вопросы.

1. Куда поехал автор после занятий?
2. На чём он обычно ездит в центр? А сегодня?
3. Что он делал в центре?
4. Когда он поехал домой?
5. На чём он ехал домой?

参考译文

我去市中心了

今天下课后，我先去咖啡馆吃午饭了。饭后我去了市中心。我通常去市中心乘坐五路或七路无轨电车。今天我坐十五路专线出租车去了市中心。

在市中心我首先去商店买了城市地图。然后开始漫步。我一边沿街行走，一边看着人们。我沿途进了商店，看可以在那里买些什么。我走了好久，所以需要吃点儿东西。我去了离地铁站不远的《完美一杯》咖啡馆。在那里我喝了咖啡，吃了甜点。我非常累，所以喝完咖啡就回家了。我是乘地铁回家的。

Текст 114
Моя мама выглядит моложе отца

Моя мама выглядит моложе отца, но они одного возраста. Моя мама немного полная и невысокого роста. Она ниже ростом, чем мой папа. У неё светлые волосы и голубые глаза, прямой нос и полные губы. Дома она носит джинсы и свитер. На работу она надевает деловой костюм.

Мой папа выглядит старше, чем мама, потому что он седой. У него кудрявые волосы. Он худой и довольно высокого роста. Он намного выше, чем мама. У него зелёные глаза и длинный нос. На работу он ходит в деловом костюме, но он любит простую одежду и простую обувь: джинсы, куртки, свитера́ и кроссовки.

Ответьте на вопросы.

1. Как выглядит мама?
2. Что она носит дома и на работе?
3. Как выглядит папа?
4. В чём он ходит на работу?
5. Какую одежду и обувь он любит?

我妈妈看上去比父亲年轻

我妈妈看上去比父亲年轻,但是,他们是同龄人。我妈妈有点儿胖,个子不高。她比爸爸矮。她有一头浅发,长着一双蓝眼睛,笔直的鼻子,丰满的嘴唇。她在家穿牛仔裤和绒线衫。上班穿正装。

我爸爸看上去比妈妈老,因为他有灰白头发。他有一头卷发。他很瘦,非常高。爸爸比妈妈高很多。他长着一双绿色的眼睛,长长的鼻子。他穿正装上班,但他喜欢便服和便鞋:牛仔裤、夹克衫、绒线衫和旅游鞋。

Текст 115
Меня зовут Светлана

Меня зовут Светлана, но папа всегда называет меня Свéтик. Каждое утро мой папа встаёт рано, потому что его работа начинается в полдесятого. Иногда, когда у него много времени, он принимает душ, но обычно только умывается и бреется. После этого он идёт на кухню завтракать. Он всегда готовит завтрак себе и нам с мамой, потому что в это время мама ещё спит. После завтрака он чистит зубы и одевается. Потом он идёт в спальню, чтобы сказать маме, что ей тоже уже пора вставать. После этого он уходит на работу. В это время я тоже встаю. Мы с мамой всегда завтракаем и уходим из дома вместе. Обычно папа ездит на работу на метро, а мы с мамой ходим пешком. Мой папа редко возвращается домой рано, потому что он много работает. Обычно он возвращается домой поздно и ужинает один, потому что мы с мамой ужинаем рано. Но мы все ложимся спать поздно, потому что долго разговариваем и смотрим телевизор.

Ответьте на вопросы.

1. Почему папа встаёт рано каждое утро?
2. Почему он всегда готовит завтрак?
3. Что он делает после завтрака?
4. На чём папа обычно ездит на работу? А мама?
5. Почему папа редко возвращается домой рано?
6. Почему вся семья ложится спать поздно?

参考译文

我叫斯韦特兰娜

我叫斯韦特兰娜，但是爸爸总是叫我斯韦季克。每天早晨我爸爸早早起床，因为他九点半开始工作。有时，当他时间充足时，他洗淋浴，但平时只是洗脸和刮胡子。然后，他去厨房吃早餐。他总是给自己、我和妈妈准备早餐，因为这个时间妈妈还在睡觉。早餐后他刷牙穿衣。然后他进卧室去告诉妈妈，她也该起床了。之后，他去上班。这时候我也起床了。我和妈妈总是吃完早饭后一起出家门。爸爸通常乘地铁去上班，而我和妈妈徒步上班。我爸爸很少早回家，因为他工作繁忙。通常他回家很晚，一个人吃晚饭，因为我和妈妈晚饭吃得早。但因为长时间地交谈和看电视，我们上床睡觉都很晚。

Текст 116
Дима и Андрей друзья

Дима и Андрей друзья. Они оба учатся в университете. Дима изучает финский язык, а Андрей — английский. Однажды Андрей познакомился в клубе с финном и предложил ему встретиться с Димой. Тойво, так звали финна, с радостью согласился и взял у Андрея телефон Димы. На следующий день он позвонил Диме и они договорились встретиться.

Когда Дима собирался на встречу, он думал, что Тойво высокий, худой, с длинными светлыми волосами и голубыми глазами. Но когда они встретились, Дима был удивлён, потому что он увидел перед собой обыкновенного парня среднего роста с короткими тёмными волосами, почти чёрными глазами и в очках. Тойво был одет в синие джинсы, голубую рубашку и серый пиджак, Тойво совсем не был похож на финна.

✓ Ответьте на вопросы.

1. Где учатся Дима и Андрей?
2. Что они изучают?

3. С кем Андрей познакомился в клубе однажды?
4. Кто позвонил Диме на следующий день?
5. О чём они договорились?
6. Как выглядит Тойво?

参考译文

季马和安德烈是朋友

季马和安德烈是朋友。他们都在大学就读。季马学芬兰语，而安德烈学英语。有一次安德烈在俱乐部认识了一位芬兰人，建议他同季马见面。芬兰人叫托伊沃，他欣然同意了，并且从安德烈那里要来季马的电话号码。第二天他给季马打了电话，他们约定好见面。

当季马准备去会面的时候，他想，托伊沃身材高高的，瘦瘦的，一头浅色的长发，长着一双蓝色眼睛。但是，当他们会面的时候，季马很惊讶，因为他看到眼前是一位非常普通的小伙子：中等身材，短短的深色头发，几乎黑色的眼睛，而且戴着眼镜。托伊沃穿着蓝色的牛仔裤，浅蓝色衬衫和一件灰色的夹克，他看上去根本不像芬兰人。

Текст 117
Три плюс два

Действие фильма «Три плюс два» происходит в Крыму. Три друга — физик, дипломат и доктор — проводят отпуск на берегу Чёрного моря. Друзья хотели отдыхать одни. Они решили не бриться, не пить, не курить, не встречаться с девушками. Они сами готовят себе еду́, а не ходят обедать в ресторан. Друзьям очень нравится место, где они остановились, потому что здесь можно купаться, загорать и ловить рыбу. Но вот однажды приехали две девушки, которые уже несколько лет приезжают отдыхать в это место. Они тоже любили отдыхать одни в этом месте на берегу Чёрного моря. Девушки хотели, чтобы друзья уехали в другое место, потому что они не хотели жить рядом с ними. Одна из девушек была актрисой кино, её звали Наташа. Другая была актрисой цирка, её звали Зоя. Это были очень красивые девушки. Сначала друзья были очень недовольны, что рядом живут девушки, но потом доктор полюбил Зою, а дипломат полюбил

Наташу.

 Ответьте на вопросы.

1. Где происходит действие фильма «Три плюс два»?
2. Где проводят отпуск три друга?
3. Что решили делать друзья?
4. Почему друзьям очень нравится место, где они остановились?
5. Кто приехал в это место однажды?
6. Почему девушки хотели, чтобы друзья уехали в другое место?
7. Кто такие Зоя и Наташа?
8. Что случилось потом?

3 加 2

影片《3 加 2》的故事情节发生在克里木。三个朋友——物理学家、外交官和一名医生在黑海岸边度假。朋友想只有他们三个人在一起休息。他们决定不刮胡子，不喝酒，不抽烟，不和女孩子们见面。他们自己做饭，不去餐馆吃饭。朋友们很喜欢他们落脚的地方，因为在这里可以游泳、晒太阳和钓鱼。但是，有一天来了两个姑娘，她们已经连续几年都来这个地方休息。她们也喜欢独自在黑海岸边的这个地方休息。姑娘们希望这三个朋友离开这里到别的地方去，因为她们不想住在他们旁边。其中一个女孩是一名电影演员，她叫娜塔莎。另一个女孩是马戏团的演员，她叫卓雅。这是两位非常漂亮的女孩。起初这三个朋友很不愿意让女孩们住在旁边，但后来医生爱上了卓雅，而外交官爱上了娜塔莎。

Текст 118
Кавказская пленница

Действие фильма «Кавказская пленница» происходит в небольшом городе в горах Кавказа. В этот город приезжает молодой человек. Его зовут Шурик. Он изучает фольклор и собирает народные песни, пословицы и тосты, которыми очень славится народ Кавказа. Здесь он знакомится с девушкой Ниной. Нина студентка. Она приехала в этот город на каникулы к своему дяде. Нина очень понравилась Шурику и самому известному человеку в городе — товарищу Са́ахову. Саахов решил жениться на ней. Но он боялся, что Нина не согласится выйти за него замуж. Тогда он договорился с дядей Нины, и они решили украсть её и привезти на дачу товарища Саахова. Сначала Шурик ничего не знал, но когда он узнал, что произошло, решил помочь Нине. Это было очень трудно, но Шурик помог Нине стать свободной.

 Ответьте на вопросы.

1. Где происходит действие фильма «Кавказская пленница»?
2. Кто приезжает в этот город?
3. Что он изучает и собирает?
4. С кем он знакомится здесь?
5. Кто такая Нина?
6. Зачем она приехала в этот город?
7. Кто решил жениться на Нине?
8. Почему Саахов и дядя Нины решили украсть её и привезти на дачу товарища Саахова?
9. Кто помог Нине стать свободной?

参考译文

 高加索的俘虏

影片《高加索的俘虏》的故事情节发生在高加索山脉的一座小城里。一位叫舒里克的年轻人来到这座小城。他正在研究民间文学，收集高加索人以此为荣的民歌、谚语和祝酒词。他在这里结识了女孩尼娜。尼娜是大学生。她来这个小城的叔叔家里度假。舒里克和城里最有名的人萨霍夫同志都很喜欢尼娜。萨霍夫决定要娶她。但他怕尼娜不同意嫁给他。他就和尼娜的叔叔商量好，他们决定偷走她，并把她带到萨霍夫的别墅。舒里克一开始什么都不知道，但是当他得知发生的事情后，决定帮助尼娜。这是非常困难的，但最终舒里克帮助尼娜成为了自由人。

☞ **Текст 119**
В нашей группе учится тридцать студентов

В нашей группе учится тридцать студентов. Все они разные люди: весёлые и энергичные, серьёзные и честные, смелые и сильные, спокойные и внимательные. Мне очень нравится учиться в этой группе.

Особенно мне нравится Эдик, потому что он весёлый человек. Ещё мне нравится Дима, которого я уважаю за честность. Антона я ценю как очень хорошего друга, потому что он спокойный и внимательный человек. Антон хорошо учится и всегда всем помогает. Анна тоже хороший друг. Я очень уважаю её, потому что она спокойный человек.

Мы стараемся посещать все занятия и лекции, потому что у нас в университете обязательное посещение и нам нельзя пропускать занятия. Во время сессии мы все пользуемся библиотекой, чтобы готовиться к экзаменам. Скоро у нас будут экзамены. Мы надеемся, что вся наша группа сдаст экзамены отлично.

 Ответьте на вопросы.

1. Сколько студентов учится в этой группе?
2. Какие люди эти студенты?
3. Почему автору нравится Эдик?
4. За что автор уважает Диму?
5. Почему автор ценит Антона как очень хорошего друга?
6. Почему они стараются посещать все занятия и лекции?
7. Чем они пользуются, чтобы готовиться к экзаменам?
8. На что они надеются?

我们班有30名学生

我们班有30名学生。他们的性格各不相同：有快乐又精力充沛的、严肃又诚实的、勇敢又坚强的、平静又细心的。我很喜欢在这个班学习。

我特别喜欢埃迪克,因为他是一个快乐的人。我也喜欢季马,我尊敬他的诚实。我把安东珍视为一个很好的朋友,因为他是一个平静又细心的人。安东学习好,总是帮助大家。安娜也是一个很好的朋友。我尊重她,因为她是一个心平气和的人。

我们尽量上所有的课和讲座,因为在我们学校里必须去上课,我们不可以缺课。在考期我们大家都充分利用图书馆,以便备考。我们很快就要考试了。我们希望,我们全班都考得非常好。

☞ Текст 120
У Иры Ивановой каникулы

У Иры Ивановой каникулы. Она решила поехать в Москву на несколько дней. Как хорошо! Она будет в Москве дня четыре. Она даже составила план: в первый день осмотреть Кремль, погулять по Красной площади, а вечером пойти в гости к друзьям. Во второй день осмотреть Исторический музей и посетить Большой театр. В третий день осмотреть центр и погулять по Арбату, а вечером посмотреть спектакль в Театре Сатиры, в четвёртый день купить подарки и сувениры друзьям и поздно вечером уехать домой в Петербург.

Когда она приехала в Москву, её встретила подруга Катя. Ира поехала к ней в гости. Там Иру ждали все друзья Кати, которые устроили большую вечеринку. Весь первый день они пили шампанское, ели салаты, фрукты, пироги и пирожные. Друзья ушли очень поздно. На второй день Катя и Ира поехали в центр. Там Ира увидела множество магазинов, и они с Катей стали ходить по магазинам. Когда Ира посмотрела на часы, было уже полвосьмого. День прошёл. А вечером они с Катей пошли в ночной клуб и вернулись домой только утром. На третий день утром Ира долго спала, а днём к ним пришли друзья...

 Ответьте на вопросы.

1. У кого каникулы?
2. Куда она решила поехать на несколько дней?
3. Сколько дней она будет в Москве?

4. Какой план она составила?
5. Кто её встретила, когда она приехала в Москву?
6. Что они делали весь первый день?
7. Что делали Катя и Ира на второй день?
8. Когда они вернулись домой?
9. Что Ира делала на третий день?

参考译文

伊拉·伊万诺娃的假期

伊拉·伊万诺娃在放假。她决定去莫斯科几天。多好呀！她将在莫斯科呆四天。她甚至还拟定了一个计划：第一天参观克里姆林宫，在红场上散步，晚上去朋友们那里做客。第二天参观历史博物馆和大剧院。第三天游览市中心，在阿尔巴特大街漫步，晚上在讽刺剧院看看戏剧。第四天给朋友们买礼物和纪念品，晚上乘车回圣彼得堡家里。

她到莫斯科后，她的朋友卡佳来接她。伊拉去了她家做客。卡佳的所有朋友都在等伊拉，他们举办了一个盛大的晚会。整个第一天他们喝香槟酒，吃沙拉、水果、馅饼和甜点。朋友们很晚才离开。第二天卡佳和伊拉去了市中心。在那里伊拉看到许多商店，于是她同伊拉开始逛街。当伊拉看表时，已经是七时半了。一天过去了。到了晚上她和卡佳去了夜店，早晨才回到家。第三天早晨伊拉睡了很长时间，白天朋友们来了她们这里……

☞ Текст 121
Серёжа и Юля недавно поженились

Серёжа и Юля недавно поженились. Они хотят купить новую квартиру. Они мечтают жить в центре города, потому что там много магазинов, театров, ресторанов и кафе. Недавно они нашли для себя небольшую двухкомнатную квартиру в высоком шестиэтажном доме. Это удобная, но немного тёмная квартира. Справа от входной двери кухня, а слева гостиная. Посередине кухни стоит круглый стол, а вокруг несколько стульев. Около окна стоит буфет с посудой. Рядом с буфетом плита́ и стиральная машина. Она стоит в кухне, потому что в ванной для неё нет места. Посередине гостиной лежит большой коричневый ковёр. Между окнами стоит комод, а на нём большая настольная лампа. В углу справа телевизор. Ещё в гостиной есть большой жёлтый диван, два кресла и журнальный столик. Справа от входа книжный шкаф, где стоят и лежат книги и журналы. Гостиная уже очень уютная, но Серёжа хочет купить компьютерный стол. В спальне сейчас стоит только широкая белая кровать. Юля хочет купить в спальню белый шкаф и большое зеркало. Как только они купят всю мебель, они пригласят гостей, чтобы отпраздновать новоселье.

 Ответьте на вопросы.

1. Кто недавно поженился?
2. Что они хотят купить?
3. Почему они мечтают жить в центре города?
4. Какую квартиру они нашли для себя недавно?
5. Опишите эту квартиру?
6. Зачем они пригласят гостей, как только они купят всю мебель?

谢廖扎和尤利娅不久前结婚了

谢廖扎和尤利娅不久前结婚了。他们想买一套新住宅。他们向往在市中心居住，因为那里有许多商店、剧院、餐馆和咖啡馆。不久前，他们找到了位于六层高楼房中的一套小型两居室住宅。这是一个舒适，但有点昏暗的住宅。进门的右侧是厨房，左侧是客厅。厨房的中间摆着一张圆桌，周围有几把椅子。在窗户旁有餐具柜，餐具柜旁是炉灶和洗衣机。洗衣机放在厨房，因为浴室里没有地方放置。客厅中央铺着棕色的大地毯。窗户之间的有一个五斗橱，上面摆着一个大台灯。电视放在右侧角落里。客厅里还有一个黄色的大沙发、两把圈椅和杂志桌。入口右侧是书柜，那里放着书和杂志。客厅非常舒适，但谢廖扎想买一个电脑桌。现在卧室里只有一个白色的大宽床。尤利娅想要买一个白色柜子和一面大镜子放到卧室。一旦他们买好所有的家具，他们就会邀请客人来庆祝乔迁之喜。

Текст 122
Что надо делать, чтобы долго жить

Что надо делать, чтобы долго жить? Разные люди отвечают на этот вопрос по-разному. Профессор Денисов отвечает так: "Если вы хотите прожить много лет, будьте туристом". Профессору Денисову уже 78 лет. Когда ему было 13 лет, он вместе с отцом первый раз подня́лся на А́льпы. С тех пор он поднимается на вершины Кавказа, Тянь-Шаня, Алта́я.

Учёный говорит: "У меня есть три правила в жизни: проводить за́ городом каждое воскресенье; ходить, а не ездить; летом жить не на даче, а в лесу, на реке, в горах".

Каждый год Денисов ходит в походы. В этом году он едет на Алтай с внуком и друзьями. Он рассказывает о маршруте путешествия: "На поезде мы едем до Би́йска, потом едем на машине 530 км, затем идём пешком. Четыре дня будем идти без дорог — это очень далёкий горный район".

 Ответьте на вопросы.

1. Сколько лет Профессору Денисову?
2. Что он сделал, когда ему было 13 лет?
3. Куда ходит Денисов каждый год?
4. Куда он едет в этом году?
5. По какому маршруту они будут путешествовать?
6. Какой образ жизни помогает профессору Денисову сохранить в 78 лет здоровье и молодость?

参考译文

 需要做什么能够长寿

要想长寿应该做些什么？不同的人对这个问题有不同的回答。杰尼索夫教授是这样回答的："如果您想长寿,就成为一名旅行者吧"。杰尼索夫教已经78岁了。他13岁的时候就和父亲一起首次登上了阿尔阜斯山。从那时起,他经常登上高加索山、天山、阿尔泰山的山顶。

这位学者说:"生活中我有三个原则:在郊外度过每个周日;步行,而不是乘车;夏天不住在别墅,而住在森林、河边、山里。"

杰尼索夫每年都去远足。今年他同孙子和朋友们要去阿尔泰山。他讲述着旅行的线路:"我们将乘火车到比斯克,再坐530公里的汽车,然后我们步行。我们将进行四天没有路的行走,因为这是非常遥远的山区。"

☞ Текст *123*
На поезде в Петербург

Во время отпуска мы решили поехать на поезде в Петербург. Из Москвы в Петербург отправляется ежедневно много поездов. В железнодорожной кассе мы купили билеты на скорый поезд №2, вагон №13, места 15 и 16. Поезд «красная стрела́» отправляется в 23 часа 55 минут. До вокзала мы доехали на такси. Носильщик погрузил наши чемоданы на телéжку, и мы вошли в здание Ленинградского вокзала. Носильщик не знал, на каком пути стоит наш поезд. У дежурного по вокзалу мы узнали, что посадка на поезд №2 производится с платформы №3.

Подойдя к вагону № 13, мы предъявили билеты проводнику́. Он проверил наши билеты и показал нам купе. Наше купе оказалось двухместным. Я занял верхнюю полку, а мой друг — нижнюю. Мы поставили чемоданы и вышли из купе в коридор. Провожающие прощались с пассажирами. По радио объявили, что посадка окончена и поезд отходит точно по расписанию, в 23 часа 55 минут.

В 8 часов 30 минут поезд прибыл в Петербург. Мы взяли вещи и вышли из вагона. На перроне было много встречающих. Мы прошли через зал ожидания Московского вокзала, сели в метро и поехали в общежитие №2, где живут наши друзья.

 Ответьте на вопросы.

1. Куда они решили поехать во время отпуска?
2. На чём они решили поехать?
3. Где они купили билеты?

4. Когда отправляется поезд «красная стрела́»?
5. С какой платформы производится посадка на их поезд?
6. Каким оказалось их купе?
7. Когда поезд прибыл в Петербург?

参考译文

乘火车去圣彼得堡

假日期间我们决定乘火车去圣彼得堡。每天有很多火车从莫斯科开往圣彼得堡。我们在铁路售票窗口买了2次快车车票，13号车厢，15号和16号座位。"红箭"列车于23点55分发车。我们乘出租车到了火车站。搬运工把我们的箱子搬上拖车后，我们走进列宁格勒火车站的大楼。搬运工不知道，我们的火车停在哪一道上。我们从火车站的值班人员那里得知，2次快车从3号站台上车。

走到13号车厢前，我们向列车员出示了车票。他检查了我们的票，让我们进车厢。我们的车厢原来是双人铺。我在上铺，我的朋友在下铺。我们把箱子放好后，从车厢里出来到走廊。送站的人们同乘客告别。广播宣告：检票上车结束，火车于23点55分正点发车。

8点30分火车到达圣彼得堡。我们拿了东西走出车厢。站台上的有许多接站的人。我们穿过莫斯科火车站的候车大厅，坐上地铁，去了朋友们住的2号宿舍。

☞ Текст 124
Гостиница «Санкт-Петербург»

Гостиница «Санкт-Петербург» находится на берегу Невы. Это большое и современное здание. На этаже «Б» помещается бюро обслуживания. Мы подходим к администратору и спрашиваем, есть ли свободные номера. Нам отвечают, что свободных одноместных номеров нет, есть только двухместные.

Мы заполняем гостиничный бланк, предъявляем паспорта́, получаем квитанцию на оплату номера и визитную карточку на проживание в гостинице.

На лифте мы поднимаемся на шестой этаж. Дежурная по этажу показывает нам номер. Это большая светлая комната с ванной и туалетом. Справа стоят стол и два кресла, слева две кровати и тумбочка. Из окна открывается прекрасный вид на Неву. Оставив вещи в номере, мы спускаемся вниз и идём в обменный пункт, чтобы поменять деньги. Наш друг Леопо́льд уже был в Петербурге и сказал нам, что валюту можно обменять в гостинице, в больших универмагах и в разных банках.

В банке нам дали русские деньги в разных купю́рах: по 100 000 (сто тысяч), 50 000 (пятьдесят тысяч), 10 000 (десять тысяч), 5000 (пять тысяч), 1000 (одной тысяче), 500 (пятьсот), 200 (двести), 100 (сто) рублей и в монетах по 50 (пятьдесят), 20 (двадцать), 10 (десять), 5 (пять) рублей и 1 (одному) рублю. Обменяв деньги, мы пошли в кафе.

 Ответьте на вопросы.

1. Где находится гостиница «Санкт-Петербург»?
2. Какие номера есть в этой гостинице?
3. Что они делают, чтобы остановиться в гостинице?
4. Опишите их комнату?
5. Где можно обменять валюту?
6. Куда они пошли, обменяв деньги?

参考译文

《圣彼得堡》宾馆

《圣彼得堡》宾馆位于涅瓦河岸边。这是一座现代化的大楼。服务部在二层。我们走到管理员那儿，问是否有空房间。我们得到的答复是，没有单人间，只有双人间。

我们填写住宿登记表，出示护照，拿到付费的收据和宾馆的住宿卡。

我们乘电梯到六楼。楼层值班人员领我们看房间。这是一个明亮的大房间，有浴室和洗手间。右测放着桌子和两把圈椅，左侧是两张床和一个床头柜。从窗口可看到涅瓦河畔的美丽景色。把东西放到房间后，我们下楼去宾馆的货币兑换处兑换钱。我们的朋友利奥波德已经来过圣彼得堡，他告诉我们，在宾馆、在大商场和各种银行都可以兑换货币。

银行给我们提供了不同面额的俄罗斯货币：面额分别有100 000（十万）、50,000（五万）、10,000（一万）、5000（五千）、1000（一千）、500

(五百)、200（二百）、100（一百）卢布的纸币 50（五十）、20（二十）、10（十）、5（五）、1（一）卢布的硬币。

☞ Текст 125
Миши нет...

У меня есть друг. Его зовут Миша. Вчера я позвонил ему, а его брат сказал: «Миши нет, он будет через час». Я позвонил через час, и его брат сказал: «Миши нет, позвоните попозже». Я позвонил через полчаса, его брат сказал: «Миши нет, он вышел». Я позвонил через пятнадцать минут. — Миши нет, он ушёл. — А когда он будет? — спросил я. — Не знаю, — ответил брат.

Сегодня утром я позвонил Мише ещё раз, и его брат сказал: «Миши нет, он будет вечером». Через пять минут Мише позвонила Лена. Она спросила: «Можно Мишу?» — Конечно, — ответил брат. Через десять минут ему позвонила Оля. — Будьте добры Мишу, — сказала она. — Пожалуйста, — сказал брат. Через час Мише позвонила Марина. — Можно Мишу? — Одну минуту. Ещё через полчаса Мише позвонил Антон, и брат Миши сказал: «Миши нет, и когда он будет, я не знаю».

Сегодня Мише звонили Антон, Сергей, Алексей, Андрей, и его брат говорил: «Миши нет», «Он вышел», «Позвоните попозже», «Позвоните через двадцать минут», «Он будет через час», «Он ушёл», «Я не знаю, когда он будет». А когда Мише звонили Лена, Оля, Марина, Света, его брат говорил: «Пожалуйста», «Одну минуту», «Конечно».

✓ Ответьте на вопросы.

1. Кто звонил Мише?
2. Что говорил его брат, когда звонили Антон, Сергей, Алексей, Андрей?
3. Что говорил его брат, когда звонили Лена, Оля, Марина, Света?
4. Как вы думаете, почему он так говорил?

参考译文

米沙不在……

我有一个朋友。他叫米沙。昨天我给他打电话,而他的弟弟说:"米沙不在,他过一小时后会在"。一小时后,我打了电话,他弟弟又说:"米沙不在,请晚些时候再打吧"。半小时后,我打电话,他弟弟说:"米沙不在,他出去了"。十五分钟后打电话。——米沙不在,他走了。—— 那他什么时候在?——我问。——不知道,——他弟弟回答。

今天早晨我再次给米沙打电话,他弟弟又说:"米沙不在;他晚上会在。"五分钟后,列娜给米沙打来电话。她问:"能让米沙接电话吗?"—— 当然,——他弟弟回答。十分钟后,奥莉娅给他打电话。—— 劳驾,请米沙接电话,——她说。—— 好的,——弟弟说。一小时后,马琳娜打来电话。—— 可以让米沙接电话吗? —— 稍等。再过半小时后,安东打来电话,弟弟又说:"米沙不在,我不知道他什么时候回来。"

今天,安东、谢尔盖、阿列克谢、安德烈都给米沙打了电话,他的弟弟又说:"米沙不在","他出去了","请晚些时候再打吧","请20分钟之后再打","1小时后他回来","他走了","我不知道他什么时候回来"。而当列娜、奥莉娅、马琳娜、斯韦塔给米沙打电话时,他弟弟说"好的","请稍后","当然"。

Текст 126
Я живу и работаю в Москве

Меня зовут Лоре́нцо. Я итальянец. Раньше я жил в Италии. Мой родной город Веро́на. Это маленький старый красивый город. А сейчас я живу и работаю в Москве. В Москве жить очень интересно. Москва — это очень большой город и очень разный город. Это и старый город, и новый город. В Москве есть и большие новые проспекты, и большие красивые площади, и маленькие старые улицы. В Москве хороший удобный транспорт. Московское метро очень красивое, и можно быстро доехать, куда вам нужно. Есть автобусы, троллейбусы, трамваи. И, конечно, есть такси.

Я живу на Балтийской улице. Рядом метро «Со́кол». А работаю на Лесно́й улице. Рядом метро «Белорусская». На работу я обычно еду на метро. Это три станции. Очень быстро, минут десять. И ещё минут семь иду пешком. Рядом с метро «Сокол» Ленинградский проспект. Он идёт от метро «Сокол» до метро «Белорусская». На Ленинградском проспекте находятся стадион «Динамо», аэровокзал, магазины, гостиницы, рестораны, кафе, банки, театры... От аэровокзала на автобусе можно доехать до аэропорта «Шереме́тьево».

Ответьте на вопросы.

1. Кто Лоре́нцо по национальности?
2. Где он жил раньше?
3. Какой его родной город?
4. Где он живёт и работает сейчас?
5. Как он обычно едет на работу?
6. Какой проспект рядом с метро «Сокол»?
7. Что находится на Ленинградском проспекте?

参考译文

我在莫斯科生活和工作

我叫洛伦措。我是意大利人。以前在意大利生活。我的故乡是维罗纳。这是一座古老而又美丽的小城。而现在我在莫斯科生活和工作。在莫斯科生活非常有意思。莫斯科是一座大而别样的城市。这既是一座古老的城市，又是一座崭新的城市。在莫斯科既有新的大街，又有美丽的大广场，还有古老的小巷。莫斯科交通便利。莫斯科的地铁非常漂亮，可以很快地到达您要去的地方。那里有公共汽车、无轨电车、有轨电车。当然，还有出租车。

我住在波罗的海大街。旁边有"索科尔(鹰)"地铁站。而我在森林大街上班。旁边有"白俄罗斯"地铁站。我通常乘坐地铁上班，坐三站地，非常快，十分钟左右。再步行大约七分钟。"索科尔"地铁站旁边是列宁格勒大街。列宁格勒大街从"索科尔"地铁站通向"白俄罗斯"地铁站。在列宁格勒大街上有迪纳摩体育场、航空港大楼、商店、宾馆、饭店、咖啡厅、银行、剧院……。从航空港大楼可乘坐汽车到达舍列梅季耶沃机场。

Текст 127
День рождения

Вчера у моего русского друга Саши был день рождения. Ему исполнилось 24 года. Саша пригласил своих друзей в гости. Сначала я зашёл в магазин и купил подарок — книгу. Потом я сел на автобус и поехал к Саше.

Дверь открыл сам Саша.

— Здравствуй, Франц! Я очень рад тебя видеть.

— Здравствуй, Саша! Я поздравляю тебя с днём рождения! Желаю тебе успехов в учёбе, счастья, удачи во всём.

— Спасибо, Франц. Я хочу познакомить тебя с моими друзьями: Аня, Лена, Витя и Олег.

— Очень приятно познакомиться с вами, Франц. Саша много рассказывал о вас.

Потом Саша пригласил всех к столу. Когда все сели за стол, Витя поднял бокал шампанского и сказал:

— Я хочу предложить первый тост за нашего друга Сашу и пожелать ему крепкого здоровья, больших успехов в учёбе и интересной жизни!

Саша поблагодарил Витю и сказал:

— Друзья, пожалуйста, угощайтесь. Вот салат из свежих овощей, маринованые грибы, жареная рыба в томате, шпроты, буженина, ветчина, солёная рыба, утка с яблоками.

Всё было очень вкусно. Друзья похвалили Сашу. Потом все долго разговаривали, смеялись, танцевали, пели песни, шутили. Всем было очень весело и не хотелось идти домой.

 Ответьте на вопросы.

1. У кого был день рождения вчера?
2. Сколько ему исполнилось?
3. Какой подарок купил Саше Франц?
4. С кем Франц познакомился у Саши?
5. Что сказал Витя, когда все сели за стол?

6. Что сказал Саша?
7. Что друзья делали после еды?

参考译文

生日

昨天，我的俄罗斯朋友萨沙过生日。他已满24岁。萨沙邀请了朋友们去做客。首先，我去商店买了礼物——一本书。然后我坐上公共汽车去了萨沙那里。

开门的是萨沙本人。

——你好，弗朗茨！很高兴见到你。

——你好，萨沙！祝你生日快乐！祝你学业有成，幸福，万事如意。

——谢谢，弗朗西斯。我想把你介绍给我的朋友们：这是阿尼娅，列娜，维佳和奥列格。

——很高兴和你们认识，我叫弗朗茨。萨沙常向我讲起你们。

然后萨沙邀请大家入席。当大家都入座后，维佳举起一杯香槟说：

——我想提第一杯酒，为我们的朋友萨沙干杯，祝愿他身体健康，学习进步，生活有滋有味！

萨沙向维佳表示了感谢，然后说：

——朋友们，请吃吧。这是用新鲜蔬菜做的沙拉、醋渍蘑菇、番茄汁烤鱼、鲱鱼、燉猪肉、火腿、咸鱼、苹果鸭子。

所有的东西都非常好吃。朋友称赞了萨沙。然后，大家长时间地说笑、跳舞、唱歌、开玩笑。大家都非常开心，不想回家

☞ Текст 128

Последняя надежда

Миша был самый обыкновенный ребёнок. У него не было никаких талантов. Но родители Миши считали его очень талантливым. Это было модно, и кроме того, Миша был последней надеждой всей семьи. Родители хотели, чтобы Миша сделал то, что не сделали они.

Папа мечтал стать Ньютоном, а стал обыкновенным инженером. Мама в детстве мечтала стать знаменитой пианисткой, но научилась играть только один вальс. Поэтому папа послал Мишу в физико-математическую школу, а мама каждый день водит Мишу на уроки музыки.

Но это не всё. Бабушка Миши каждый день водит его на уроки фигурного катания. Она всегда хотела, чтобы мама Миши стала чемпионкой мира по фигурному катанию. Теперь она хочет, чтобы чемпионом стал её внук. Дедушка хотел стать художником, а стал мужем бабушки. Поэтому Миша ещё учится рисовать.

Миша любит их всех и знает, что они хотят ему только хорошего. Но он не может стать сразу и выдающимся физиком, и талантливым художником, и знаменитым музыкантом, и известным спортсменом. Он самый обыкновенный ребёнок, и никаких талантов у него нет. Единственное, что ему нравится, — это строить дома из песка́ и камне́й. Но он не говорит об этом никому, потому что никто в его семье не хотел стать строителем.

 Ответьте на вопросы.

1. Какой ребёнок был Миша?
2. Каким считали Мишу родители?
3. Кем хотели видеть Мишу родители, бабушка и дедушка?
4. Что ему нравится?
5. Кем хочет стать Миша и почему никому не говорит об этом?

参考译文

 最后的希望

米沙是一个最普通的孩子。他没有任何天赋。但米沙的父母以为他非常有天赋。这种现象很流行,此外,米沙是全家的最后希望。父母想让米沙做到那些他们没做到的事。

爸爸想成为牛顿,却成了一名普通的工程师。妈妈在童年时就梦想成为著名的钢琴家,但只学会弹一首圆舞曲。因此爸爸把米沙送到了物理－数学学校,而妈妈每天领着米沙去上音乐课。

但这还不是全部。米沙的外祖母每天带他去上花样滑冰课。她一直希望米沙的妈妈成为花样滑冰世界冠军。现在她希望孙子成为冠军。外祖父想成为一名画家,却成为外祖母的丈夫。所以米沙还得学画画。

米沙爱他们每一个人,知道他们对他的期望都是好的。但他不能同时成为杰出的物理学家、天才的画家、著名的音乐家、著名的运动员。他是一个极其普通的孩子,他没有任何天赋。他唯一喜欢的是用沙子和石头盖房子。但这一点他没有告诉任何人，因为他家里任何人都不想让他成为一个建筑者。

Текст 129
Солнце и Луна

Солнце и Луна долго спорили.

Солнце сказало, что листья на деревьях зелёные.

— Нет, — сказала Луна, — они серебряные. Люди на Земле всё время спят. А Солнце ответило:

— Нет, люди на Земле всё время двигаются.

— Но тогда почему на Земле всегда так тихо? — спросила Луна.

— Кто тебе это сказал? — удивилось Солнце. — На Земле очень шумно.

Они продолжали спорить.

— Я не могу понять, почему ты видишь зелёные листья, а я серебряные, — сказала Луна.

Услышал этот разговор Ветер.

— О чём вы спорите? Я вижу Землю и днём и ночью. Днём, когда светит Солнце, люди работают, и на Земле шумно. А ночью, когда светит Луна, на Земле тихо, люди спят.

Луна захотела посмотреть, что делают люди на Земле днём. Она решила появляться раньше, когда на небе ещё светит Солнце. Теперь она знает, какая Земля днём.

А Солнце не может увидеть Землю ночью. Когда появляется Солнце, начинается день.

Ответьте на вопросы.

1. О чём долго спорили Солнце и Луна?
2. Почему они спорили?
3. Что сказал Ветер, когда он услышал их разговор?
4. Что Луна захотела посмотреть?
5. Почему Солнце не может увидеть Землю ночью?

太阳和月亮

太阳和月亮争吵了很长时间。

太阳说,树上的叶子是绿色的。

— 不对,——月亮说,——是银白色的。地球上的人们一直都在睡觉。

而太阳回答:

— 不,地球上的人们一直都在动。

— 但为什么地球上总是那么安静?——月亮问。

— 谁告诉你的?——太阳觉得奇怪。——地球上很喧闹。

他们继续争论。

— 我不明白,为什么你看到树叶是绿色的,而我看到的是银白色的,——月亮说。

风听到了他们的话。

— 你们在争论什么?无论是白天还是晚上,我都能看到地球。白天有太阳照耀的时候,人们工作,因此地球上是喧闹的。而在夜间,当月亮照耀的时候,地球上是寂静的,人们在睡觉。

月亮想看看,白天地球上的人们在做什么。她决定早点儿出来,当太阳还在天上照耀的时候出来。现在她知道,白天地球是什么样子的。

太阳不能看见夜间的地球。当太阳出来时,白天就开始了。

Текст 130
Подарок

Младшему брату было восемь лет. Старшему — пятнадцать. Старший брат всегда заботился о младшем. Он очень любил его и всегда старался сделать ему приятное.

А младший любил футбол. И ещё почему-то — цветы. Особенно — пио́ны. И особенно — белые.

Однажды старший сказал младшему:

— Что тебе купить? Белый пион или билет на футбол?

— Белый пион и билет на футбол.

— Нет, — сказал старший. — Ты должен выбрать: белый пион или билет на футбол.

— Билет на футбол, — сказал младший, — и белый пион.

— Нет, — повторил старший. — Выбирай: или белый пион, или билет на футбол.

Младший представил себя на стадионе рядом со старшим. Обязательно должна выиграть команда "Спартак". Правой рукой он держит руку брата, а левой — белый пион... И младший сказал:

— Белый пион и билет на футбол.

— Да пойми же!

Но младший не мог понять, а старший не хотел объяснить. Да и что надо было понять, и что надо было объяснить?

Что билет на футбол стоил пятьдесят копеек?

Что белый пион стоил тоже пятьдесят копеек?

Что у старшего в кармане было только пятьдесят копеек?

Нет, младший не мог это понять.

А если бы понял, то, наверное, стал бы уже взрослым.

Ответьте на вопросы.

1. Сколько лет братьям?
2. Кто кому всегда старался сделать приятное?
3. Что любил младший брат?
4. Что сказал старший младшему однажды?
5. Что хотел младший брат?
6. Почему старший брат не хотел купить младшему билет на футбол и белый пион одновременно?

礼物

弟弟8岁。哥哥15岁。哥哥总是关心弟弟。他非常爱弟弟,总是尽量做让他高兴的事。

弟弟喜欢足球。不知为什么也喜欢鲜花。尤其是芍药花,特别是白色的。

有一天哥哥对弟弟说:

——该给你买什么呢? 白芍药花还是足球门票呢?

——白芍药花和足球门票。

——不,——哥哥说。——你应该选择,是白芍药还是足球票。

——足球门票,——弟弟说,——和白芍药。

— 不,——哥哥重复说。——请你选择,或白芍药,或是足球票。
弟弟想象自己同哥哥一起在体育场上。一定应该是"斯巴达克"队赢。他右手拉着哥哥的手,左手里拿着白芍药……弟弟又说:"
— 足球门票和白芍药!
— 请你理解我!
但是弟弟无法理解,而哥哥也不想解释。再说需要理解什么呢,又需要解释什么呢?
解释说足球票价值五十戈比?
白芍药也五十戈比?
哥哥的口袋里只有五十戈比?
不,弟弟无法理解这一点。
假如他要是理解了,那他就可能已经是成年人了。

☞ Текст *131*
Мы учим русский язык на улице и в метро

    Меня зовут Сун. Я китаец. Я студент и учусь в медицинском университете. Наш университет находится на Пироговской улице. И наше общежитие рядом. До университета можно дойти пешком.

    А это мой друг Ван, он тоже китаец, он учится в педагогическом университете. Его университет находится на проспекте Вернадского, а общежитие тоже на Пироговской улице. В университет Ван обычно едет на метро до станции «Проспект Вернадского».

    Мы ещё не очень хорошо говорим и понимаем по-русски. Вчера в метро нас спросили: «Вы выходите?» Мы не поняли и сказали: «Повторите, пожалуйста. Мы китайцы и плохо понимаем по-русски». А сегодня меня спросили: «Как доехать до "Дома книги"?» Это я знаю. Я сказал, что нужно ехать до станции метро «Арбатская», а потом немного идти пешком. «Дом книги» находится на Новом Арбате. А Вана спросили, как доехать до гостиницы «Космос». Ван тоже знал, потому что в гостинице «Космос» живёт его подруга. И он ответил: «Гостиница "Космос" находится на проспекте Мира. Вам нужно ехать на метро до станции "ВДНХ". Гостиница рядом».

    Так мы учим русский язык в университете, на улице и в метро.

Ответьте на вопросы.

1. Кто Сун по национальности?
2. Где он учится?
3. Где находится их университет?
4. Где находится их общежитие?
5. Как можно дойти до университета?
6. Где учится его друг Ван?
7. Как обычно Ван едет в институт?
8. Как они говорят по-русски?
9. Что их вчера спросили в метро?
10. Где они учат русский язык?

参考译文

我们在大街上和地铁里学习俄语

我姓孙。我是中国人。我是大学生,在医科大学学习。我们的大学位于皮罗戈夫斯基大街,我们的宿舍就在旁边。可步行到学校。

而这是我的朋友王(同学),他也是中国人,他在师范大学学习。他的学校位于维尔纳茨基大街,宿舍也在皮罗戈夫斯基大街。王(同学)通常乘地铁到"维尔纳茨基大街"站。

我们的俄语说得还不是很好,也不太明白。昨天在地铁里有人问我们:"你们下车吗?"。我们没明白,就说:"请您再说一遍,我们是中国人,不太懂俄语"。而今天有人问我:"怎么能到达书城?"这个我知道。我说,需要坐到"阿尔巴特"地铁站,然后步行一会儿就到了。书城位于新阿尔巴特大街。有人问王(同学),到《宇宙》宾馆怎么走?王(同学)也知道,因为他的女友在《宇宙》宾馆住。于是他回答:"宇宙宾馆在和平大街,您需要乘坐地铁到"国民经济成就展览"站。宾馆就在旁边"。

就这样我们在大学里、在大街上和地铁里学俄语。

Текст 132
Место под солнцем

Рядом с моим домом есть ресторан. Он называется «Место под

солнцем. Европейская кухня». Я недавно приехал в Россию, поэтому решил пойти в этот ресторан: здесь знакомая европейская кухня, а я ещё не адаптировался. Русскую еду попробую потом, немного позже. И названий русских блюд я ещё не знаю.

И вот я пришёл. Открыл меню. Читаю:

«Борщ со сметаной, щи, пельмени с майонезом, блины с икрой, блины с мёдом, блины с рыбой, блины с джемом, квас». И, наконец, самое странное — «селёдка под шубой». Что это? Это европейская кухня?

Я очень хотел есть. Поэтому я заказал борщ со сметаной, пельмени с майонезом, блины с икрой и даже квас. «Селёдка под шубой — это слишком экстремально, это в следующий раз», — подумал я.

И вы знаете, мне очень понравилось! Сейчас я каждый день обедаю в этом ресторане и вам советую! Но почему они написали «Европейская кухня»?

 Ответьте на вопросы.

1. Как называется этот ресторан?
2. Где находится ресторан?
3. Что заказал автор в этом ресторане?
4. Ему понравились блюда в этом ресторане?
5. Где он обедает каждый день?

参考译文

 阳光之下

我家旁边有一家餐厅。餐厅的名字是《阳光之下. 西餐》。我不久前刚到俄罗斯,所以决定去这家餐厅:这里有熟悉的西餐,而我还没有适应。俄餐以后、稍晚些我再品尝。而且俄罗斯菜的名字我还不知道。

于是我来到了餐厅。打开菜单。读到:

《酸奶油红菜汤,菜汤,沙拉子油水饺,鱼子酱饼,蜂蜜饼,鱼饼,果酱饼,格瓦斯》。最后,最奇怪的菜是《带皮鲱鱼》。这是什么?这是西餐吗?

我很想吃饭了。所以我点了酸奶油红菜汤,沙拉子油水饺,鱼子酱饼和格瓦斯。《带皮鲱鱼这道菜太奇怪了,下次再点吧。》——我想。

您知道吗,我非常喜欢!现在我每天都在这家餐厅吃饭,推荐您也来！但他们为什么要写《西餐》呢？

Текст 133
Быть или не быть

У меня очень серьёзная проблема. Почти как в драме Шекспира. Мне уже 17 лет. Через два месяца я закончу школу. Но я ещё не знаю, кем быть. Мне очень трудно выбрать профессию.

Моя мама хочет, чтобы я был врачом. Она говорит, что врач в семье — это очень удобно. Можно не ходить в поликлинику.

Мой папа хочет, чтобы я был программистом, как он. Он очень любит свою профессию, думает, что она самая интересная и нужная.

Моя бабушка хочет, чтобы я был финансистом. Она думает, что финансисты работают с деньгами, и у них тоже много денег.

Мой дедушка хочет, чтобы я был лётчиком. Он очень хотел стать лётчиком, но не смог. Здоровье не очень хорошее. И теперь он мечтает, что внук будет лётчиком.

Моя тётя хочет, чтобы я был социологом. Она думает, что это самая нужная профессия. Социологов мало, поэтому всегда можно найти работу.

Я не знаю, кем быть. Врачом, программистом, финансистом, лётчиком или социологом?

 Ответьте на вопросы.

1. Кем родители хотят видеть своего сына?
2. Кем бабушка и дедушка хотят видеть своего внука?
3. Кем тётя хочет видеть своего племянника?
4. Как вы думаете, он должен сам решить, кем быть, или слушать советы родственников?

我该选择什么职业？

我现在面临一个很严峻的问题。几乎像在莎士比亚的戏剧中。我已经17岁了。2个月之后我将中学毕业。但我还不知道我应该做什么。我很难选择我的职业。

我妈妈想让我成为一名医生。她说,家里有医生很方便。这样就可以不用去门诊部了。

我爸爸想让我成为一名像他那样的程序设计员。他很喜欢自己的工作,他认为这是最有意思和最需要的职业。

我奶奶想让我成为一名银行家。她认为,银行家经常跟钱打交道,他们当然也会有很多钱。

我爷爷想让我成为一名飞行员。他曾很想成为飞行员,但没有成功。他的身体不是很好。所以现在他希望他的孙子能成为一名飞行员。

我姑姑想让我成为一名社会学家。她认为这是最需要的职业。社会学家很少,所以总是很容易找到工作。

我不知道我应该从事什么职业。是医生、程序设计员、银行家、飞行员还是社会学家?

Текст 134
Подруги

Марина, Алла и Лена — подруги. В воскресенье они решили встретиться в кафе в 4 часа.

В 2 часа Марина позвонила Лене. Она сказала, что не может прийти в кафе, потому что на улице дождь, а её зонт сломался. Марина сказала ещё, что на машине приехать не может, потому что её муж поехал на машине в аэропорт встречать друга.

В 2 часа 30 минут Лена позвонила Алле. Она сказала, что Марина не может прийти в кафе, потому что её муж сломал зонт и поехал на машине в аэропорт встречать подругу.

В 3 часа Алла позвонила Марине. Она сказала, что все мужчины одинаковые. Алла сказала ещё, что её муж тоже один раз ударил её по голове зонтóм. Правда, зонт не сломался. Но после этого она решила жить одна.

В 3 часа 30 минут Марина позвонила Алле и Лене и сказала, что она может приехать в кафе. Она сказала ещё, что муж приехал и по дороге купил новый зонт. Поэтому теперь она может приехать и на машине, и без машины. Тем более что дождь уже кончился.

Ответьте на вопросы.

1. Где подруги решили встретиться в воскресенье в 4 часа?
2. Почему Марина сказала Лене, что она не может прийти в кафе?
3. Когда Лена позвонила Алле и что она сказала?
4. Когда Алла позвонила Марине и что она сказала?
5. Когда Марина позвонила Алле и Лене и что она сказала?

参考译文

朋友们

玛琳娜，阿拉和列娜是朋友。她们决定星期天下午四点在咖啡厅见面。

2点的时候玛琳娜给列娜打电话。玛琳娜说她不能步行来咖啡厅了，因为外面在下雨，而她的伞坏了。她还说，她不能开车来，因为她的丈夫开车去机场接朋友了。

2点30列娜给阿拉打电话。她说，玛琳娜不能来咖啡厅了，因为她的丈夫弄坏了伞，开着车去机场接女性朋友了。

3点阿拉给玛琳娜打电话。她说，所有的男人都是一样的。阿拉还说，她的丈夫有一次也用伞打了她的头部。的确，伞没有坏。但从此以后她决定一个人生活。

3点半玛琳娜给阿拉和列娜打了电话并说，她可以来咖啡厅。她还说，她的丈夫回来了，在路上买了新伞。所以她现在既可以开车来咖啡厅，也可以步行来。况且雨已经停了。

Текст 135
Купите компас

Я приехал в Москву недавно. Уже немного говорю по-русски. Я очень люблю гулять по Москве, часто хожу в музеи, на выставки, в театры. Я думаю, что в Москве очень много туристов. Почему я так думаю? Раньше я часто спрашивал на улице:

— Скажите, пожалуйста, как пройти к Большому театру?

— Вы не скажете, как доехать до Исторического музея?

— Извините, этот автобус идёт к цирку?

Обычно я слышал в ответ:

— Извините, я не знаю.

— Спросите, пожалуйста, кого-нибудь другого, я точно не знаю.

— Извините, я не москвич, я не знаю.

— Кажется, вам надо налево. Нет-нет, направо! Или налево?

Я думаю, все эти люди — туристы. Я не понимаю, где москвичи? Может быть, москвичи не знают свой город?

Тогда я пошёл в магазин и сказал:

— Дайте, пожалуйста, большую карту и компас.

Сейчас у меня нет проблем, компас всегда у меня в кармане. И вам советую купить компас.

 Ответьте на вопросы.

1. Когда автор приехал в Москву?
2. Он говорит по-русски?
3. Что он любит делать?
4. Куда он часто ходит?
5. Что он часто спрашивал на улице раньше?
6. Что он слышал в ответ?
7. Что он купил в магазине?

参考译文

请买指南针

我不久前来到莫斯科。我已经可以说一点俄语。我很喜欢在莫斯科市内散步,我经常去博物馆、展览会和剧院。我觉得,在莫斯科有很多旅游者。为什么我这样认为?以前我经常在大街上问别人:

——请问,怎样去大剧院?

——请问,怎样能到达历史博物馆?

——请问,这辆车去马戏团吗?

通常我听到的回答是:

——对不起,我不知道。

——请问一下其他人,我说不清楚。

— 不好意思，我不是莫斯科人，我不知道。
— 好像，您应该往左边走。不对不对，往右走！或者往左边？

我认为，所有这些人都是旅游者。我不明白，莫斯科人在哪儿？也许，莫斯科人不了解自己的城市？

于是我去商店了，并说：
— 请给我拿详细的地图和指南针。

现在我已经没有什么问题了，指南针一直在我的口袋里。也建议您买一个指南针。

Текст 136
Тяжёлая жизнь Анны

У Анны очень тяжёлая жизнь, хотя ей только 18 лет. Вот, например, сегодня она сделала очень много дел.

Главное для Анны — хорошая форма и красивая фигура (90 – 60 – 90). А её идеал — Пэ́рис Хи́лтон. Анна хочет жить, как эта известная американка. Утром она сначала бегала в парке, потом плавала в бассейне, потом пошла в фи́тнес-клуб на масса́ж, потом в соля́рий. После этого Анна пошла в салон красоты. Через четыре часа она вышла из салона красоты и пошла в ресторан обедать. Через час она вышла из ресторана и поехала в магазин «Эксклюзи́вная одежда».

Она вошла в магазин в два часа. Анна долго ходила по магазину и выбирала новую одежду. Через пять часов она вышла из магазина и поехала на такси домой. Дома Анна один час думала, что надеть. Потому что она должна сначала пойти на дискотеку, а потом поехать в ночной клуб.

Завтра утром Анна летит в Италию, в Милан. Ей надо купить новое вечернее платье, потому что через два дня она пойдёт на важную встречу с подругами в кафе.

 Ответьте на вопросы.

1. Сколько лет Анне? Какая у неё жизнь?
2. Что главное для Анны? Кто её идеал?
3. Как она хочет жить?
4. Что она делала утром?

5. Куда она вошла в два часа?
6. Когда она вышла из магазина и поехала на такси домой?
7. Почему дома Анна один час думала, что надеть?
8. Куда она летит завтра утром?
9. Почему ей надо купить новое вечернее платье?

参考译文

安娜的艰难生活

安娜的生活很艰难,虽然她只有18岁。比如说她今天做了很多的事。

对安娜来说好的外形和漂亮的体型(90-60-90)是主要的。她的偶像是帕里斯·希尔顿。安娜想象这位著名的美国人一样生活。早晨她先在公园跑步,然后在游泳池游泳,之后去健身俱乐部做按摩,然后去日光浴场。在这之后安娜去美容院。四个小时之后她从美容院出来去饭店吃饭。一个小时之后她走出饭店去《服装专卖店》。

她两点钟进了商场。安娜在商场逛了很久,选了一件新衣服。5个小时之后她从商场出来打车回家了。在家安娜想了一个小时应该穿什么。因为她应该先去舞厅,然后去夜店。明天早晨安娜要坐飞机去意大利,去米兰。他应该买新的晚礼服,因为两天后她要跟朋友们在咖啡厅有一个重要的会面。

Текст 137
Do you speak English

Когда я приехал в Москву, я думал, что можно не изучать русский язык. «Во-первых, здесь почти все говорят по-английски. Во-вторых, русский язык, говорят, очень трудный. В-третьих, через год я уеду домой, в Германию, я здесь только в командировке», — думал я.

Один раз утром, когда я шёл на работу, ко мне подошёл пожилой человек. Он быстро что-то говорил по-русски. Он говорил очень эмоционально, а я ничего не понимал. Я подумал, что он просит деньги, и взял из кармана десять рублей, хотел дать ему. Но когда он увидел деньги, он сказал что-то очень громко и сердито. Я спросил: «Do you speak English?», но он не понял и быстро ушёл.

Мне стало очень стыдно. Может, ему нужна была помощь? И эти десять рублей... На следующий день я начал изучать русский язык.

Ответьте на вопросы.

1. Почему автор не хотел изучать русский язык?
2. Что случилось один раз утром?
3. Что он начал делать на следующий день?

参考译文

你会说英语吗

当我来到莫斯科的时候，我认为可以不用学俄语。《"首先，这里几乎所有人都说英语。其次，听说俄语很难。再者，一年后我就回家了，回德国了，我在这里只是出差》，——我想。

一天早晨，当我去上班时，一位老人向我走来。他用俄语快速地说了什么。他说得很激动，但我什么都没明白。我以为他是在要钱，于是我从口袋里拿出10卢布想要给他。但当他看见钱，他大声且生气地说了什么。我问："你会说英语吗？"，但他没明白，快速离开了。

我感到非常羞愧。或许他需要帮助？而这10卢布…… 第二天我开始学习俄语了。

Текст 138
Николя́ и Ю́я

Я преподаватель русского языка. Это дело интересное, но трудное. Я уже давно работаю и, мне кажется, знаю о русском языке всё. Но недавно я понял, что не всё можно объяснить.

В моей группе есть студент из Франции. Его зовут Николя. Есть ещё студент из Японии, его зовут Юя. И вот недавно я говорила на уроке, что имя Юя изменяется, как Боря, Миша, Женя и другие мужские имена на -а и -я. И тут Николя спрашивает:

— Значит, и моё имя изменяется?
— Нет, ваше не изменяется.

— А почему?

— Э... Это трудный вопрос, я в следующий раз вам скажу, мне надо посоветоваться с коллегами, — честно сказал я.

На перерыве я спрашивал всех коллег, которые работали в этот день. Было много разных интересных идей, но точно никто не знал. Да, студенты правы: русский язык действительно трудный! Но интересный...

 Ответьте на вопросы.

1. Что думает о русском языке студент?
2. Что он рассказал?
3. Что думает о русском языке преподаватель?
4. Что он рассказал?

参考译文

尼克利亚和尤亚

我是俄语老师。这项工作很有趣但也很难。我已经工作了很久，我认为我通晓俄语。但是不久前我明白了，不是所有的东西都可以解释清楚。

我的班级有一位来自法国的学生。他的名字是尼克利亚。还有一位来自日本的学生，他尤亚。不久前我在课堂上说，尤娅的名字像鲍利亚、米沙热尼亚及其他以-а和-я结尾的男性名字一样变化。尼克利亚问道：

— 这意味着我的名字也要变化吗？

— 不，你的名字不变。

— 为什么？

— 这……这是一个很难的问题，我下次再告诉你，我需要跟同事们讨论一下，— 我诚实地说。

— 休息时我问了所有今天上班的同事。有很多很有趣的想法，但没有人能够准确说出来。是的，学生们是对的：俄语真的很复杂！但很有趣……

☞ Текст 139
Трудно, но интересно, или два рассказа о русском языке

Я студент, приехал в Россию из Германии. Я уже давно изучаю русский язык. Это интересно, но трудно. Я уже неплохо говорю по-русски. Но я плохо знаю разговорный язык и не всё понимаю, когда говорят мои русские друзья.

Недавно я услышал, как один русский студент сказал другому: «Ну, ты то́рмоз!" Я посмотрел в словаре: тормоз — это деталь автомобиля, которая останавливает его. Почему он так сказал? Я спросил своего русского друга, и он сказал, что это слово значит ещё "глупый человек», «человек, который медленно понимает простые вещи».

Я думаю, что русский язык очень интересный и можно всю жизнь его изучать.

Например, недавно я покупал на рынке помидоры. Я знаю, что русские люди очень любят говорить «домик» (маленький дом), «столик» (маленький стол) и так далее. И я сказал: «Дайте, пожалуйста, помидо́рики» (это были маленькие помидоры). Бабушка, у которой я покупал помидоры, сказала, что это неправильно. Надо говорить «помидо́рчик»!

Трудно изучать русский язык, но очень интересно. Я мечтаю о том, что я смогу когда-нибудь сказать: «Я выучил русский язык!»

 Ответьте на вопросы.

1. Кто автор?
2. Откуда он приехал в Россию?
3. Как он знает русский язык?
4. Что значит "тормоз"?
5. О чём мечтает автор?

难，但很有趣，或者是两段关于俄语的叙述

我是大学生，从德国来到俄罗斯。我已经学习俄语很久了。学习俄语很有趣，但是很难。我俄语已经说得不错了。但我并不是很了解口头语，当我的俄罗斯朋友们说话时我也不能全都明白。

不久前我听到一个俄罗斯学生对另一个人说："你是тормоз！"我查了词典：тормоз是汽车的一个部件，能够使车停住。他为什么那么说？我问了我的俄罗斯朋友，他说，这个词还可以指《愚蠢的人》，《对简单事物理解缓慢的人》。

我认为俄语非常有意思，可以用一生的时间来学习。

比如说，不久前我在市场买了西红柿。我知道俄罗斯人喜欢说《小房子》，《小桌子》等等。所以我说"请给我拿一些помидо́рики（小西红柿）"。我买她菜的那位老奶奶说，这样说不对。应该说"«помидо́рчик»（小西红柿)"！

学习俄语很复杂，但是很有意思。我梦想着有一天我能够说："我学会了俄语！"。

☞ Текст 140
Русский язык? Быстро и легко!

Я студент. Живу в Москве уже две недели. Утром я еду в университет. Я изучаю русский язык. Каждый день у меня шесть уроков русского языка. Мой учебник называется «Русский язык — очень просто», но я думаю, это неправда. Русский язык — очень трудный. У меня есть ещё книги «Читаем без проблем» и «Русский язык без труда». А у меня только проблемы, много труда и никакого результата.

Днём я еду домой. Дома я обедаю, потом делаю домашнее задание. Обычно я пишу упражнение, читаю текст из книги «Читаем без проблем», учу новые слова из книги «Русский язык: мгновенный результат». Потом я немного отдыхаю.

Вечером я слушаю диалоги и тексты (аудиоку́рс на диске называется «Русский язык за один час»), потом изучаю русский язык по компьютерной программе. Она называется «Русский язык? Быстро и легко!» Опять неправда. Быстро? Я уже две недели изучаю русский язык, я очень много читаю, говорю, пишу. Почему, когда я смотрю телевизор, я ничего не понимаю? Что делать?

 Ответьте на вопросы.

1. Сколько времени этот студент живёт в Москве?
2. Какие учебники русского языка у него есть?
3. Что он делает утром?
4. Что он делает днём?
5. Что он делает вечером?
6. Как вы думаете, почему он не понимает ничего, когда смотрит телевизор?

想学俄语吗？又快又轻松！

我是大学生，在莫斯科已经住了两周。早晨我坐车去学校。我学习俄语。每天我都有六节俄语课。我的教科书叫做《俄语——很简单》，但我知道，这不是事实。俄语非常难。我还有《轻松阅读》和《轻松学俄语》两本书。而我学习俄语有很多困难，付出很多劳动，却没有任何结果。

下午我坐车回家。我在家里吃午饭，然后做家庭作业。通常我写《轻松阅读》里的练习，读课文，学习《快速学俄语》一书里的生词。然后休息一会儿。

晚上我听对话和课文（光盘上的听力教程叫做《一小时快速学俄语》），然后通过电脑软件学习俄语。电脑软件叫做《想学俄语吗？又快又轻松！》。又不是事实。快吗？我已经学了两周俄语，我大量地读、说、写。为什么当我看电视时，我什么都不懂？怎么办呢？

Текст 141
Всё относительно

На уроке преподаватель спросила нас:
— Какой город Москва — старый или новый?
— Москва — очень старый город, — сказал Стив, студент из

Америки. Например, Нью-Йорк — новый город, а Москва — старый.

— Нет, Москва — новый город, — сказал Ма́рио, студент из Италии. Рим — старый город, а Москва — новый.

— Конечно, Москва — новый город! — сказал Лю Вао, студент из Китая. Пекин — старый город, а Москва — новый.

На следующий день Стив спросил преподавателя:

— Скажите, пожалуйста, Суздаль находится далеко от Москвы? Я хочу поехать на экскурсию.

— Нет, — сказала преподаватель, — совсем недалеко. — Часа четыре на автобусе. Это маленький, но очень интересный город.

— Четыре часа на автобусе — это недалеко? Это очень далеко! — сказал Марио.

— Нет, это близко! Только четыре часа! — сказали Стив и Лю Вао.

А как думаете вы?

 Ответьте на вопросы.

1. Какой город Москва?
2. А какой город Суздаль?
3. Сколько времени надо ехать на автобусе от Москвы до Суздаля?

一切都是相对的

在课堂上老师问我们：
— 莫斯科是一座怎样的城市？古老的城市还是新城市？
— 莫斯科是一座非常古老的城市，——来自美国的学生斯蒂夫说。比如纽约是一座新城市，而莫斯科很古老。
— 不对，莫斯科是一座新城市，——来自意大利的学生马里奥说。罗马是一座古老的城市，而莫斯科是一座新城市。
— 莫斯科当然是一座新城市！——来自中国的学生刘宝说。北京是一座古老的城市，而莫斯科是一座新城市。
第二天斯蒂夫问老师：
— 请问苏兹达尔离莫斯科远吗？我想去那儿旅游。

— 不远，——老师说，——很近。——坐4个小时的公共汽车。这是一座很小、但很有意思的城市。
— 坐4个小时的车这还不远吗？这非常远了！——马里奥说。
— 不，这很近！只有4个小时！——斯蒂夫和刘宝说。
那你们是怎么认为的？

☞ Текст 142
Начните с дерева

Вчера был мой день рождения. Мне уже 30 лет. Я долго думал, что я сделал за эти 30 лет.

Каждый человек должен построить дом, вырастить сына, посадить дерево... А я? Что я сделал? Что у меня есть?

Уже 30, а у меня ещё нет дома, нет жены, нет сына. У меня нет машины. У меня нет даже мотоцикла. Мне стало очень грустно...

Но потом я подумал: «Да, у меня ещё нет жены, нет сына, нет дома, нет машины, нет даже дерева, которое я посадил. Но у меня есть любимая работа, у меня есть друг, у меня есть подруга. И у меня есть велосипед. Может, всё не так плохо? И всё-таки...»

Я решил, что в понедельник мне надо начать новую жизнь. С чего начать? Надо начать с дерева!

В понедельник я пошёл покупать дерево.

Я купил дерево, а потом позвонил подруге.

— Катя, ты знаешь, я купил дерево.
— Какое дерево?
— Я хочу посадить его в парке. Ты не поможешь мне?
— А когда ты хочешь его посадить?
— Через час жду тебя у Центрального парка.
— Хорошо. До встречи!

✓ Ответьте на вопросы.

1. Сколько лет исполнилось автору?
2. Почему ему стало очень грустно?
3. С чего ему надо начать свою новую жизнь?
4. Что он сделал в понедельник?

参考译文

从种树开始

昨天是我的生日。我已经30岁了。我思考了很长时间,在这30年的时间里我都做了什么。

每个人都应该盖房子,抚养儿子成人,种树……而我呢?我做了什么?我有什么?

我已经30岁了,而我还没有房子,没有妻子,没有儿子。我没有车。我甚至都没有摩托车。我很郁闷……

然后我又想:《是的,我还没有妻子,没有儿子,没有房子,没有车,甚至没有种一棵树。但是我有热爱的工作,我有男性朋友,我有女性朋友。我还有自行车。可能一切还没有那么糟糕?但还是……》

我决定星期一我要开始新的生活。从哪儿开始呢?应该从种树开始!

星期一我去买树了。

我买了树,然后给我的朋友打了电话。

— 卡佳,你知道吗,我买了树。

— 什么树?

— 我想把它种在公园里。你能帮我吗?

— 你想什么时候种?

— 一个小时后在中央公园等你。

— 好的。一会儿见!

Текст 143
Как я готовила борщ

Вчера у меня был день рождения. Я пригласила друзей и решила приготовить борщ. Я приехала из Японии. Раньше я никогда не готовила борщ. Но он мне очень нравится, и я хотела приготовить русское блюдо. Правда, говорят, борщ — украинское блюдо, но в России его очень любят.

Когда я шла в магазин покупать продукты для борща́, я всё время повторяла (потому что боялась забыть что-нибудь): «Мне надо купить капусту, картошку, лук, морко́вь, свёклу, петрушку и мясо».

Я всё купила, приготовила борщ. Но он почему-то был не красный! В чём дело?

Когда пришли гости, я спросила свою русскую подругу Лену:

— Лена, что я сделала неправильно? Мой борщ не красный!

Лена посмотрела в кастрюлю, попробовала борщ, ещё раз посмотрела в кастрюлю и сказала:

— Здесь нет свёклы. Ты забыла свёклу.

— Что же делать?!

— Ничего, Масу́ми! Ты приготовила щи. Это тоже популярное русское блюдо!

Гости с удовольствием ели щи, а я подумала: «Какая хорошая русская кухня! Я забыла один продукт и приготовила новое блюдо!»

Ответьте на вопросы.

1. Что решила приготовить Масуми?
2. Какие продукты она хотела купить?
3. Какие продукты она купила?
4. Что она забыла купить?
5. Какое блюдо Масу́ми приготовила?

参考译文

我是怎么做红菜汤的

昨天是我的生日。我邀请了朋友们并决定做红菜汤。我来自日本。之前我从来没有做过红菜汤。但我非常喜欢红菜汤,我想做俄罗斯菜。的确,红菜汤是乌克兰的菜,但是在俄罗斯人们也非常喜欢。

当我去商店买做红菜汤需要的食物时,我一直在重复说(因为害怕忘记什么东西):《我需要买白菜、土豆、葱、胡萝卜、甜菜、香菜和肉》。

我买了所有的东西,做好了红菜汤。但是汤为什么不是红色的!哪儿出了问题?

当我的朋友们都来了,我问我的俄罗斯朋友列娜:

— 列娜,我哪儿做错了?为什么我的红菜汤不是红色的?

列娜看了看锅里,尝了尝汤,又看了看锅里,说:

— 这里没有甜菜。你忘记放甜菜了。

— 那怎么办?!

没关系，马苏米！你做了白菜汤。这也是很有名的俄罗斯菜。

客人们很高兴地吃了白菜汤，而我在想：《俄罗斯菜真好！我忘了放一种食材，却做出了一种新菜！》

☞ Текст 144
Времена года

Один раз преподаватель дала нам такое домашнее задание: «Напишите, какое время года вы любите больше всего, какое не любите, и почему».

Вот рассказы студентов из Англии — Тома и Джона. Они большие друзья, вместе живут, вместе отдыхают, хотя они очень разные. Когда вы прочитаете их рассказы, вы поймёте, почему я так говорю.

Рассказ Тома:

Я очень люблю лето. Летом тепло, можно плавать, загорать. Летом у меня каникулы, поэтому обычно я путешествую.

Я очень люблю осень. Осенью красиво, особенно в парке и в лесу. И не жарко. Я люблю гулять осенью по городу или в парке. Деревья жёлтые, красные!

Я очень люблю зи́му. Зимой идёт снег. И это очень красиво — всё белое! Зимой можно кататься на лыжах, на коньках. Но главное — зимой Рождество и Новый год, а это мои любимые праздники.

Я очень люблю весну. Весной начинается новая жизнь. Я люблю весной знакомиться с девушками. Поют птицы, начинают цвести цветы! Яркое солнце, голубое небо. Это время любви и надежд.

Рассказ Джона:

Я не люблю лето. Летом жарко. Летают комары и мухи. Кошмар!

Я не люблю осень: холодно, дождь, грязь. Ужас!

Я не люблю зиму. Зимой всегда серое небо, у меня начинается депрессия.

Я не люблю весну. Весной часто идут дожди, в это время в организме мало витаминов, я всегда болею.

Ответьте на вопросы.

1. Какое время года любит Том? Почему?
2. Какое время года любит Джон?
3. Какое время года Джон не любит? Почему?
4. С кем вы согласны? С кем не согласны?
5. Что вы можете сказать о Томе и Джоне? Кто пессимист, кто оптимист, кто рома́нтик?

参考译文

一年四季

有一次老师给我们布置了这样的家庭作业:《写一下你们最喜欢哪个季节,不喜欢哪个季节,为什么》。

这是来自英国的学生汤姆和约翰的叙述。他们是好朋友,虽然他们很不同,但他们一起生活,一起休息。当您读完他们的叙述就会明白,我为什么这么说了。

汤姆的叙述:

我非常喜欢夏天。夏天很温暖,可以游泳,晒太阳。夏天我有假期,所以我通常都去旅游。

我非常喜欢秋天。秋天很漂亮,特别是公园里和森林里。还不热。我喜欢秋天在城市和公园散步。树是黄色和红色的!

我很喜欢冬天。冬天下雪。下雪的时候很漂亮,一切都是白色的!冬天可以滑雪和滑冰。但主要的是冬天有圣诞节和新年,而这是我最喜欢的节日。

我很喜欢春天。新的生活开始于春天。我喜欢在春天同姑娘们相识。鸟儿歌唱,花儿开始绽放! 明媚的阳光,蔚蓝的天空。这是爱情和希望的季节。

约翰的叙述:

我不喜欢夏天。夏天热。有蚊子和苍蝇。太可怕了!

我不喜欢秋天:冷,下雨,泥泞。糟透了!

我不喜欢冬天。冬天天空总是灰蒙蒙的。我开始抑郁。

我不喜欢春天。春天经常下雨,这时候机体里缺乏维他命,我经常生病。

Текст 145
Спасибо Интернету

Маша и Саша познакомились через Интернет. В последнее время многие молодые люди знакомятся так. Вы знаете, сейчас трудно познакомиться, особенно в большом городе. Маша и Саша живут в Москве, а это очень большой город. Спасибо Интернету! Он решает много проблем. Через год Маша и Саша решили наконец встретиться. Раньше они никогда не видели друг друга, только фотографии. Вчера вечером они решали, где встретиться. Вот их письма.

Саша — Маше

Маша, где тебе удобно встретиться со мной? Я думаю, можно в кафе. Но я не знаю, где ты живёшь. На какой улице? Там есть хорошее кафе?

Маша — Саше

Саша, можно встретиться в кафе в центре города. И тебе, и мне будет удобно. Я не хочу, чтобы ты далеко ехал. Я живу далеко от центра.

Саша — Маше

Маша! Ничего, что ты живёшь далеко от центра. Я тоже живу далеко. Но я могу приехать, куда ты скажешь. На какой улице ты живёшь? В каком доме?

Маша — Саше

Саша, я живу около метро «Ясенево», на улице Профсоюзная. Дом 105. Это очень далеко, давай лучше встретимся в центре!

Саша — Маше

Маша, ты не поверишь, но я тоже живу на улице Профсоюзная, около метро «Ясенево», в доме 105. Квартира 49.

Маша — Саше

Не может быть! А я живу в квартире 48! Я живу на девятом этаже, значит, ты — на десятом. Так это ты по ночáм играешь на гитаре, не даёшь мне спать!

 Ответьте на вопросы.

1. Где живёт Маша?

2. Где живёт Саша?
3. На чём Саша играет по ночам?
4. Где хотела встретиться Маша?
5. Где хотел встретиться Саша?
6. Как вы думаете, где они встретятся?

参考译文

感谢因特网

玛莎和萨沙是通过因特网认识的。近来许多年轻人都是这样相识。你们知道,现在很难相识,特别是在大城市。玛莎和萨沙住在莫斯科,而这是一个很大的城市。感谢因特网！他能解决很多问题。一年后玛莎和萨沙终于决定见面。之前他们从没见过彼此,只是见过照片。昨天晚上他们决定了在哪儿见面。这是他们的信。

萨沙——玛莎

玛莎,你在哪儿跟我见面方便？我觉得可以在咖啡厅。但是我不知道你住在哪儿。在哪条街？那儿有没有好的咖啡厅？

玛莎——萨沙

萨沙,我们可以在市中心的咖啡厅见面。这样你我都会很方便。我不想让你跑这么远。我住的地方距市中心很远。

萨沙——玛莎

玛莎,你住的地方离市中心远没有关系。我也住得很远。但是你说去哪儿我可以过去。你住在哪条街？几号楼？

玛莎——萨沙

萨沙,我住在《亚谢涅沃》地铁站附近,在工会大街105号。这很远,我们还是在市中心见面吧。

萨沙——玛莎

玛莎,你可能不会相信,我也住在工会大街105号,《亚谢涅沃》地铁站附近,49号住宅。

玛莎——萨沙

不可能！我住在48号住宅！我住9楼,那么意味着你住10楼。原来是你每天晚上弹吉他,让我睡不好觉！

☞ Текст 146
Почему

Когда Ваня был маленький, он очень любил задавать вопросы.
— Мама, почему луна жёлтая?
— Подожди немного, скоро ты будешь изучать это в школе на уроке астрономии.
— А почему деревья летом зелёные, а осенью жёлтые?
— Это ты будешь изучать в школе на уроке биологии.
— А когда я пойду в школу?
— Через два года, когда тебе будет 7 лет.
— Почему через два года? Я хочу учиться сейчас! Это так интересно! Я хочу стать биологом или астрономом. Купи мне, пожалуйста, бинокль. Я буду смотреть на звёзды. Нет, лучше телескоп!

Сейчас Ване 17 лет. Он учится в десятом классе. Теперь вопросы задаёт мама.
— Ваня, почему ты опять получил «два» по астрономии и по биологии?
— Мама, это так скучно! Я не буду астрономом, не буду биологом. Это не актуально! Зарплата будет очень маленькая! Зачем мне всё это изучать?
— А кем ты будешь?
— Бизнесменом. Или экономистом, или финансистом, или юристом. Как все!

✔ **Ответьте на вопросы.**

1. Что Ваня любил делать, когда он был маленький?
2. Кем хотел стать Ваня, когда он был маленький?
3. Кем он хочет стать теперь? Почему?
4. Вы согласны с ним?

为什么

万尼亚小的时候很喜欢提问题。
— 妈妈,为什么月亮是黄色的?
— 再等等,你很快就会在学校的天文课上学到。
— 那为什么树木夏天是绿色的,而秋天是黄色的?
— 你将在学校的生物课上学到这个。
— 那我什么时候上学呢?
— 两年之后,等你7岁时。
— 为什么要两年之后?我想现在就学习!上学多么有趣呀!我想成为生物学家和天文学家。请给我买个望远镜。我想要用它看星星。不,最好是天文望远镜!
— 现在万尼亚17岁了。他在10年级读书。现在是妈妈提出问题。
— 瓦尼亚,你的天文和生物为什么又得2分?
— 妈妈,这太无聊了!我不会成为一名天文学家或者生物学家的。这不现实!薪水很少!为什么我总是学这些?
— 那你想干什么?
— 我想成为商人。或者经济学家,或者金融家,或者律师。像所有的人一样!

☞ Текст 147
Как я решил стать врачом

Я студент, учусь на подготовительном факультете. Через год, если сдам экзамен по русскому языку, буду учиться в университете. Но я не знаю, на каком факультете.

Сначала я хотел учиться на экономическом факультете и стать экономистом. Но скоро я понял, что математика — очень трудный предмет. Я решил поменять специальность и перешёл в другую группу.

В этой группе учились будущие журналисты. Но группа мне не понравилась. Там все студенты были очень серьёзные. Они только делали домашнее задание, учили, читали, писали — в общем, там было очень скучно. И преподаватель меня не любил, потому что я часто опаздываю на уроки. Я понял, что не хочу быть журналистом и перешёл в другую группу.

Эта группа мне очень понравилась. Во-первых, много девушек. И все красивые. Во-вторых, преподаватель очень добрый, и домашнее задание можно не делать. Можно даже не ходить на занятия. Правда, мне не очень нравилась специальность — медицина. Я всегда не любил поликлиники и врачей. Но что делать? Группа очень хорошая. Так что буду поступать на медицинский факультет, наверное. Буду врачом.

Ответьте на вопросы.

1. Где учится автор?
2. Кем он хотел стать сначала?
3. Почему он перешёл в другую группу?
4. Кем он решил стать потом?
5. Почему он не захотел стать журналистом?
6. Кем он будет?
7. Почему он решил стать врачом?
8. Как вы думаете, он будет хорошим врачом?

参考译文

我是如何决定成为一名医生的

我是一名大学生,在读预科。一年之后,如果能通过俄语考试,我将进入大学学习。但我不知道该入哪个系。

刚开始我想在经济系学习并成为一名经济学家。但很快我发现,数学是很难的学科。我决定换专业,并转到了另一个班。

在这个班里学习的是未来的记者们。但我不喜欢这个班。班里所有的学生都很严肃。他们只是做家庭作业、学习、读写,总之,那儿太无聊了。而且老师也不喜欢我,因为我上课经常迟到。我清楚,我不想成为记者,所以又转了班。

这个班我非常喜欢。首先,女生很多,而且所有女生都很漂亮。其次,老师很善良,而且可以不做家庭作业。甚至也可以不去上课。的确,我并不是很喜欢医学这个专业。我一直不喜欢医院和医生。但是有什么办法呢?班级太好了。所以我可能会进入医学系,成为一名医生。

Текст 148
Как понять систему

Все знают, что русский язык очень трудный. А мне кажется, надо просто понять эту систему. И недавно я её поняла! Вот как это было.

Начался урок русского языка. Преподаватель спросила:

— А где Том? Я не вижу Тома! Тома сегодня не было?

— Да, Тома нет. Он заболел, — сказал Стив.

— У Тома высокая температура, — добавил Джон.

— Странно. Мне кажется, я видела Тома сегодня утром на остановке трамвая, когда ехала в университет, — сказала преподаватель.

— Не может быть! Я вечером звонила Тому, и он сказал, что заболел. У Тома грипп, — сказала Анна.

— Жаль. Скажите Тому, что грипп — это очень серьёзно. Тому надо вызвать врача, — сказала преподаватель.

— Да, очень жаль! Сегодня мы с Томом хотели пойти вместе в Большой театр, — сказала Натали́.

— Мы так много говорим сегодня о Томе! Давайте начинать урок.

В этот момент открылась дверь.

— Можно войти? — спросил Том.

Все говорили, а я просто слушала. Особенно внимательно я слушала, как изменялось имя Том. Так я поняла эту систему!

 Ответьте на вопросы.

1. Кто заболел?
2. У кого высокая температура?
3. Кому звонила Анна?
4. Кого преподаватель видела на остановке трамвая?
5. С кем Натали хотела пойти в Большой театр?
6. О ком говорили преподаватель и студенты?

怎样弄清楚俄语这个系统

所有人都知道俄语很难。但我觉得应该先明白俄语这个系统。就在不久前我弄明白了！下面就是弄明白过程。

开始上俄语课了。老师问：

— 汤姆在哪儿？我没看见汤姆！汤姆今天没来吗？

— 是的，汤姆没来。他病了，——斯蒂夫说。

— 汤姆发烧了，——约翰补充道。

— 奇怪。我觉得今天早上来学校的时候在有轨电车站看见汤姆了，——老师说。

— 不可能！我晚上给汤姆打电话，他说他病了。汤姆得流感了，——安娜说。

— 太遗憾了。请告诉汤姆，流感是很严重的。汤姆应该叫医生来，——老师说。

— 是的，很遗憾！今天我跟汤姆本来想去大剧院，——娜塔莉说。

— 我们今天说了很多关于汤姆的事！开始上课吧。

这时候门开了。

可以进来吗？——汤姆问。

所有人都在说，而我只是在听。我特别注意听了汤姆名字的变化。这样我就明白了俄语这个系统！

Текст 149

«Плохое» слово

Недавно Николя́, студент из Франции, спросил нашего преподавателя русского языка:

— В русском языке есть «плохие» слова? Ну, вы понимаете, какие?

— Да, я понимаю. В русском языке такие слова есть. Но я не могу их вам сказать!

— Я думаю, мы должны их знать.

— Да, — сказал Стен, американец. — Мы не будем говорить эти слова, но мы должны их понимать. Кто-нибудь может нам их сказать. Я слышал, есть даже специальные словари таких слов.

— А я знаю одно очень «плохое» русское слово, но не могу сказать. Почти каждое утро я слышу его в трамвае. Оно начинается на букву «б», — сказал Алан, англичанин.

— Скажи, Алан! Это нормально. «Плохое» слово — тоже слово. Мы изучаем русский язык. Мы должны знать все слова! — сказал Стен.

— Да, я тоже так думаю! — сказал Николя.

— Но здесь преподаватель и девушки! Я не могу!

— Скажи, Алан! — сказали девушки-американки.

— Не говори! — сказала Масу́ми, студентка из Японии.

— Ты можешь выйти в коридор на две минуты, — сказали ей девушки-американки.

— Хорошо. Я это слово напишу, — сказал Стен.

Он вышел к доске и написал: «барда́к».

— Это не «плохое» слово. «Бардак» — значит «беспорядок», — сказал счастливый преподаватель.

Ответьте на вопросы.

1. Откуда приехал Николя́?
2. Что он спросил у преподавателя русского языка?
3. Кто знает одно очень «плохое» русское слово, которое начинается на букву «б»?
4. Что значит слово «Бардак»?

参考译文

《脏话》

不久前来自法国的学生尼科利亚问我们的俄语老师：

——俄语中有《脏话》吗？您明白我说的是什么吗？

——是的，我明白。俄语中有这样的词语。但我不能跟你们说！

——我认为，我们应该知道。

——是的，——美国学生斯坦说，——我们不会去说这些词，但我们应该明白。有人可能跟我们说这些词。我听说，甚至还有这类词的专门词典。

——我知道一个特别《不好的》俄语词，但我不能说。几乎每天早上我都能在有轨电车上听到这个词。这个词是以«б»开头，——英国学生阿兰说。

—阿兰,说一下!这没什么。《脏话》也是单词。我们在学习俄语。我们应该知道所有的词!——斯坦说。
— 是的,我也是这么想的!——尼科利亚说。
— 但是老师和姑娘们都在这里!我不能说!
— 说吧,阿兰!——美国姑娘们说。
— 不要说!——日本学生马苏米说。
— 你可以去走廊上待两分钟,——美国姑娘们对她说。
— 好吧。我把这个词写下来,——斯坦说。
他走到黑板前写了:«бардак»。
— 这不是《脏话》,«бардак»的意思是乱七八糟,——老师庆幸地说。

☞ Текст 150
Наш папа всегда интересуется, чем мы занимаемся

Наш папа всегда интересуется, чем мы занимаемся. Когда он бывает в книжном магазине, он всегда покупает нам книги. Вот и вчера он был там и купил каждому из нас по книге.

— Дорогая, — сказал он маме. — Ты так любишь ходить на выставки и интересуешься культурой и искусством! Я нашёл для тебя очень интересную книгу. Она называется «Русский Север». Когда ты её прочитаешь, ты узнаешь о культуре и об искусстве людей, которые живут на севере.

Моей сестре Тамаре папа подарил книгу «Искусство фотографии». Дело в том, что она в последнее время увлекается фотографированием. Она никуда не ходит без фотоаппарата и всё время фотографирует: людей, улицы, собак, детей и стариков.

Нашему дедушке папа тоже купил книгу, которую дедушка долго не мог купить. Она называется «Рыболовство». Наш дедушка очень любит ловить рыбу и ходит на рыбалку и летом, и зимой, и осенью, и весной.

Я самая младшая в семье, но я плаваю и бегаю лучше всех, потому что я много занимаюсь спортом: хожу в бассейн и на стадион. Папа тоже купил мне книгу, которая называется «Книга рекордов Гиннеса». В этой книге есть все мировые рекорды по плаванию и по бегу. Очень интересная книга! Когда-нибудь я тоже поставлю мировой рекорд по плаванию.

 Ответьте на вопросы.

1. Чем интересуется папа?
2. Что он всегда делает, когда он бывает в книжном магазине?
3. Что и кому он купил вчера?

我们的爸爸总是对我们做的事感兴趣

我们的爸爸总是对我们做的事感兴趣。当他到书店里时,他总是给我们买书。,这不昨天他又去了书店,给我们每人买了一本书。

——亲爱的,——他对妈妈说。——你那么喜欢去参观展览会,并对文化和艺术感兴趣!我为你找到一本非常有趣的书,叫"俄罗斯的北方"。当你读完这本书,你会了解有关北方人的文化和艺术。

爸爸赠送我的姐姐塔玛拉一本《摄影艺术》。原因是她最近迷上了摄影。她到任何地方都带着像机,一直在拍摄人、街道、狗、儿童和老人。

爸爸也给我们的爷爷买了一本爷爷好久都没能买到书,书名叫《钓鱼》。我们的爷爷非常喜欢钓鱼,无论是在夏季、冬季、秋季还是春季他都去钓鱼。

我是家里最小的,但我游泳和跑比任何人都好,因为我大量从事体育运动:我常去游泳池和体育场。爸爸也给我买了一本书,叫《吉尼斯世界纪录手册》。这本书里有游泳和跑两方面的所有世界纪录。是一本非常有趣的书!有朝一日我也将创造游泳世界纪录。

☞ Текст 151
Эрик приехал в Петербург из Америки

Эрик приехал в Петербург из Америки. В первый день он гулял по Невскому проспекту и захотел есть. Он вошёл в кафе и сел за столик. Официант принёс меню. Эрик хорошо знал русский язык, он мог читать и даже писать по-русски, но он не знал названий блюд по-русски. Он решил попросить официанта помочь ему. Официант подошёл к Эрику и сказал, что он готов помочь.

— Вы будете обедать? — спросил официант.

— Да, я хотел бы съесть какое-нибудь овощной салат и жареное мясо.

— У нас есть салаты из помидоров и огурцов, зелёный салат с капустой, есть салат картофельный и салат мясной. Что бы вы хотели?

— Мне, пожалуйста, зелёный салат с капустой.

— Хорошо. Салат и жареное мясо. Вам мясо с картофелем или с рисом?

— Конечно, с картофелем.

— Что вы будете пить?

— Мне, пожалуйста, бутылку пива.

— Вам какое пиво? Немецкое или русское?

— Русское, конечно.

— Тогда рекомендую пиво «Ба́лтика» № 7. А кофе вы будете пить?

— Да, будьте добры, «Каппучи́но» без сахара.

Когда Эрик закончил есть, снова подошёл официант.

— Сколько с меня? — спросил Эрик.

— С вас 667 рублей 78 копеек.

— Вот, пожалуйста. Спасибо, всё было очень вкусно.

✓ **Ответьте на вопросы.**

1. Откуда Эрик приехал в Петербург?
2. Что он делал в первый день?
3. Где он обедал?
4. Что он заказал?
5. Сколько с него?

埃里克从美国来到了圣彼得堡

埃里克从美国来到了圣彼得堡。第一天，他沿着涅瓦大街散步，想吃东西。他走进咖啡馆，坐到了桌旁。服务员拿来了菜单。埃里克的俄语很好，他能够读俄语，甚至能写俄语，但他不知道菜肴的俄文名称。他决定请服务员帮助他。服务员走到埃里克面前说,他愿意提供帮助。
— 您要吃午餐吗?——服务员问。
— 是的,我想吃份蔬菜沙拉和烤肉。
— 我们这儿有西红柿和黄瓜沙拉,带卷心菜的青菜沙拉,土豆沙拉和肉类色沙拉。您想来什么?
— 请给我来份带卷心菜的青菜沙拉。
— 好的。沙拉和烤肉。您要土豆烤肉还是米饭烤肉?
— 当然,要土豆烤肉。
— 您喝点什么吗?
— 请给我来一瓶啤酒。
— 您要什么的啤酒?德国的还是俄罗斯的?
— 当然是俄罗斯的。
— 那我建议您喝"波罗的海"7号啤酒。您还要喝咖啡吗?
— 是的,劳驾您来"卡布奇诺"无糖咖啡。
当埃里克吃完,服务员再次走过来。
— 我该付多少钱?——埃里克问。
— 您付667卢布78戈比。
— 给您。谢谢,所有的东西都很好吃!

☞ Текст 152
На озере

Недавно мой друг Антон пригласил меня поехать в воскресенье на озеро. Он сказал, что в этом озере много рыбы.
— Я не люблю ловить рыбу, — сказал я.
— Мы не будем её ловить. У меня есть динами́т. Понимаешь? Бросим динамит в воду — и у нас будет много рыбы.
— Я не люблю рыбу. Но поеду просто отдохнуть, — согласился я.
— Хорошо. Поедем на моей новой машине. Будешь там гулять с моей собакой. Её зовут Ла́йма. Она очень умная. Всё понимает. С ней можно даже разговаривать.
И вот мы приехали. Антон положил динамит на траву́. Вдруг Лайма схватила зубами динамит и побежала под машину.
— Лайма! Лайма! — закричал Антон.

— Выходи скорее! Лайма! — звал я. Но Лайма не хотела выходить. Она сидела там час, два, три...

Наступил вечер. Стало холодно и темно. Мы очень хотели есть. Мы собирались готовить рыбу и взяли только соль и хлеб. Мы поняли, что Лайма не выйдет, и съели хлеб с солью.

— Давай поедем домой! — сказал я. — Твоя собака действительно очень умная. Она не член Гри́нпис?

— Ещё нет, — сердито ответил Антон.

Как только мы сели в машину, Лайма выбежала и села рядом с нами. И мы поехали домой.

Ответьте на вопросы.

1. Куда решили поехать друзья?
2. Что они собирались делать на озере?
3. Зачем Антон взял динамит?
4. Что сделала Лайма, когда они приехали на озеро?
5. Лайма долго сидела под машиной?
6. Почему друзьям нечего было есть?
7. Что ели друзья?
8. Когда Лайма выбежала и села в машину?
9. Как вы думаете, Лайма — умная собака?

参考译文

在湖边

不久前我的朋友安东邀请我周日去湖边。他说,这个湖里有很多鱼。

——我不喜欢钓鱼,——我说。

——我们不钓鱼。我们有炸药。你懂吗?只要我们把炸药扔到水里,我们就会有很多鱼。

——我不喜欢鱼。但我只是要去休息休息,——我同意了。

——好的。我们开我的新车去。在那儿你可以跟我的狗一起散步。她叫莱马。她很聪明。她什么都懂。甚至还可以跟她谈话。

于是我们来到了湖边。安东把炸药放在草地上。突然莱马用牙咬住炸药并跑到了车下面。

——莱马! 莱马! ——安东大喊。

— 快出来！莱马！——我喊道。但莱马不想出来。她在那儿坐了 1 个小、2 个小时、3 个小时……

到晚上了。天变得又冷又黑。我们很想吃东西。我们本来打算做鱼，所以只带了盐和面包。我们明白，莱马不会出来了，于是我们吃了面包和盐。

— 我们回家吧！——我说。—— 你的狗确实很聪明。她是不是绿色组织的成员？

— 还不是，——安东生气地说。

当我们刚坐到车里，莱马从车下面跑出来坐在了我们旁边。于是我们回家了。

☞ Текст 153
«Любовь-морковь»

Один раз мы с другом решили пойти в ресторан или в кафе. Мы недавно приехали в Москву из Испании, поэтому плохо знаем город и рестораны. Мы шли по улице и читали названия ресторанов. Нам было очень трудно, потому что мы ещё плохо знаем русский язык.

Вот ресторан «Любовь-морковь». Наверное, там много блюд из моркови. Может, он для вегетариа́нцев? Но мы не вегетарианцы.

А вот ресторан «Му-му». Почему он так называется? Может, там только блюда из молока и говядины?

Вот ещё ресторан. Он называется «Безумный цыплёнок». Почему безумный? Нет, это странное название!

А вот ещё ресторан — «Ёлки-палки»! Что это? Какие ёлки? А вот — «Ни пу́ха ни пера́!» Ещё мы видели рестораны «Вах-Вах», «Отделение милиции», «Киш-миш», "Шеш-беш" и даже "КГБ" и "911".

Мы долго ходили по городу. Когда мы увидели ресторан «Если у вас пожар, звоните 01», мой друг сказал:

— Ты знаешь, кажется, я забыл вы́ключить газ!

Он быстро поехал домой, а я пошёл в супермаркет и купил продукты.

Поужинали мы дома. Газ он, конечно, не забыл выключить.

Ответьте на вопросы.

1. Откуда приехали друзья?
2. Куда они решили пойти?
3. Почему они не пошли в ресторан «Любовь-морковь»?
4. Почему они не пошли в ресторан «Му-му»?
5. Какие ещё рестораны они видели?

参考译文

《了解爱》(《爱情胡萝卜》)

有一次我与朋友决定去饭店或去去咖啡馆吃饭。我们不久前从西班牙来到莫斯科,所以不太了解这座城市以及饭店。我们沿着街道边走边读饭店的名称。我们感到非常困难,因为我们的俄语还很糟糕。

这是饭店《了解爱》(《爱情胡萝卜》)。也许那里很多饭菜是用胡萝卜做的。可能这家饭店是专门为素食主义者开办的?但我们不是素食主义者。

这是饭店《木木》。为什么它叫这个名字?也许那里只有用牛奶和牛肉做的饭菜?

这儿还有一个饭店。叫《疯狂的小鸡》。为什么是疯狂的?不,这是个奇怪的名称!

而这里也有一个饭店叫《真奇怪》!这是什么?什么样的新年枞树?而这是《祝你顺利!》我们还看见一些餐馆:《呀－呀》(格鲁吉亚语),《警察分局》,《葡萄干》(阿拉伯语),《5－6》(一种数字游戏,古突厥语),甚至还有《克格勃》和《911》。

我们在城市里转了好久。当我们看见餐馆《如果您家着火了,请拨打01》时,我的朋友说:

— 你知道吗,我好像忘记关掉煤气了!

他快速地回家去了,而我去超市买食品了。我们在家里吃了晚餐。当然,他没有忘记关掉煤气。

☞ **Текст 154**
Почему Сочи

Вы, конечно, знаете, что Олимпиада будет в Сочи. Я надеялся, что Олимпиада будет в Австрии, потому что я австриец.

И вот месяц назад я решил поехать в Сочи. Я хотел понять, почему победил этот город. Я знал, что в России сейчас много проблем, мафия и ещё там очень холодно. Почему Сочи победил?

Сначала я прилетел в Москву. Потом поехал в Сочи на поезде. В поезде я познакомился с корейцем. Он тоже ехал в Сочи: он хотел понять, почему не победил корейский город.

В Сочи мы вместе жили в гостинице. Мы ходили по городу, смотрели, как живут люди, разговаривали с ними. Через неделю мы поняли, что можно ехать домой. Мой новый друг поехал в Корею, а я — в Австрию. Вот результаты моей поездки:

1. Сочи — очень перспективный город.
2. Природа здесь очень красивая, особенно море и горы.
3. Чёрное море на самом деле синее.
4. Город очень зелёный.
5. Люди в городе очень приветливые (даже милиционеры).
6. Многие люди изучают английский язык, готовятся к Олимпиаде (милиционеры тоже изучают английский язык).
7. В Сочи не очень хорошие гостиницы (например, в нашей комнате была только кровать, стул и большой пустой холодильник, стола не было).
8. Но в городе строят новые хорошие гостиницы. Ещё строят стадионы и спортивные комплексы.
9. Погода тёплая (не понимаю, почему все говорят, что в России холодно).
10. Сейчас я понимаю, почему победил Сочи. Я согласен с этим выбором. Завтра начинаю изучать русский язык, потому что хочу поехать в Сочи на Олимпиаду.

Ответьте на вопросы.

1. Где будет Олимпиада?
2. Почему автор решил поехать в Сочи месяц назад?
3. Куда он прилетел сначала?
4. На чём он поехал в Сочи потом?
5. С кем он познакомился в поезде?
6. Почему этот кореец тоже ехал в Сочи?

7. Что они делали в Сочи?
8. Что они поняли?

参考译文

为什么是索契

您当然已经知道，冬奥会将在索契举行。我曾经希望，冬奥会将在奥地利举行，因为我是奥地利人。

所以一个月之前我决定去索契。我想了解一下，为什么这座城市取得了胜利。我知道，现在俄罗斯存在很多问题、黑手党、那里还很冷。为什么索契能赢呢？

我先飞到了莫斯科。然后坐火车去了索契。在火车上我认识了一个韩国人。他也去索契：他想知道，为什么不是韩国的城市获胜。

在索契我们住在一家宾馆。我们游览城市，看这里的人们是怎样生活的，并同他们交谈。一周之后我们明白，我们可以回家了。我的新朋友回韩国了，而我回奥地利了。下面就是我这次旅行的成果。

1. 索契是一座非常有前景的城市。
2. 这儿的自然环境非常美，特别是海和山。
3. 黑海的确是蓝色的。
4. 城市绿化的非常好。
5. 城市里的人非常和蔼可亲（甚至警察也是）。
6. 很多人都在为奥林匹克运动会做准备（警察也在学习英语）。
7. 索契的宾馆不是很好（比如，在我们住的房间只有床、椅子和又大又空的冰箱，没有桌子）。
8. 但城市里正在建优质的新宾馆。还在建体育场馆和体育综合体。
9. 天气暖和（我不明白，为什么所有人都说俄罗斯冷）。
10. 现在我知道，为什么索契最后胜出。我同意这个选择。明天我开始学习俄语，因为我想去索契看奥林匹克运动会。

☞ Текст 155

Рассказ о себе

Разрешите представиться. Меня зовут Александр Иванович Петров, я русский. Мне 50 лет. Я москвич, живу и работаю в Москве.

Пять лет я работаю в компании «Лерей». Это норвежская фирма. Сейчас у нас много работы, потому что мы работаем в Москве только два года.

Я аудитор. Наш директор из Норвегии, из Бергена. Я работаю вместе с господином Викёром уже три года.

Я уже неплохо говорю и понимаю по-норвежски. Я также говорю по-английски и по-немецки. Но не все наши сотрудники говорят по-норвежски. Поэтому сейчас днём они работают, а вечером учатся в университете на курсах. Там они изучают норвежский язык. Они говорят, что это очень трудный, но красивый язык.

Я женат. Мою жену зовут Анне. Она норвежка. Мы познакомились в Норвегии. Ей 43 года. Сейчас мы работаем вместе. Она наш бухгалтер. Она прекрасно говорит и понимает по-русски.

У нас есть дети: сын и дочь. Сына зовут Фёдор. Ему 22 года. Он студент МГУ, учится на юридическом факультете. Дочь зовут Ольга. Ей 15 лет. Она школьница. Конечно, они изучают норвежский язык с мамой. Дома они говорят с ней по-норвежски.

К сожалению, у меня мало свободного времени. Но вечером мы всегда дома вместе. Мы читаем, слушаем музыку, гуляем в парке. А летом мы вместе отдыхаем на даче или на море в Норвегии.

Ответьте на вопросы.

1. Кто по национальности Александр Иванович Петров?
2. Где он работает? Кто он?
3. Как он говорит и понимает по-норвежски?
4. Расскажите о его жене и детях.
5. Что они делают дома вечером?
6. Где они вместе отдыхают летом?

参考译文

自我介绍

让我来自我介绍一下。我叫亚历山大·伊万诺维奇·彼得罗夫,我是俄罗斯人。我50岁了。我是莫斯科人,在莫斯科生活和工作。

我在《列赖》公司工作了5年了。这是一家挪威公司。现在我们有很多工作,因为我们在莫斯科工作只有两年。

我是审计员。我们经理来自挪威的卑尔根。我与维吉尔先生一起工作3年了。

我已经能够很好地说和弄懂挪威语了。我也会说英语和德语。但并不是我们所有的员工都会说挪威语。所以他们白天工作,晚上在大学的培训班学习。在那里他们学习挪威语。他们说,这是很难,但又是很美的语言。

我已结婚。我的妻子叫安涅。她是挪威人。我们在挪威认识的。她43岁。现在我们在一起工作。她是我们的会计。她能很好地说俄语、弄懂俄语。

我们有孩子:一个儿子和一个女儿。儿子叫费奥多尔。他22岁。他是莫斯科大学的学生,在法律系学习。女儿叫奥莉加,她15岁。她中学生。当然,他们跟妈妈学习挪威语。在家里他们和妈妈说挪威语。

很遗憾,我很少有空闲时间。但晚上我们总是一起呆在家里。我们读书、听音乐、在公园散步。而夏天我们一起在别墅或在挪威的海边休息。

☞ Текст 156
Записка

Дорогой преподаватель! Извините, что на прошлой неделе я не ходил на уроки. Я очень люблю русский язык, но у меня было много проблем.

В понедельник утром мне позвонила мама из Кореи. Она сказала, что скоро в Москву приедет моя сестра. Я поехал в посольство оформлять документы.

Во вторник я поехал в университет на трамвае. На улице Профсоюзная была большая пробка. Я ждал в трамвае 6 часов, потом занятия закончились, и я поехал домой.

В среду утром у меня болел живот, и я пошёл к врачу.

В четверг я поехал в университет на метро, потому что боялся, что опять будет пробка. В метро милиционер попросил у меня паспорт и сказал, что моя виза закончилась. Я поехал в посольство.

В пятницу я вышел из комнаты в общежитии, хотел закрыть дверь, но ключа не было. Я пошёл к администратору, сказал, что мне нужен новый ключ. Но администратор сказала, что ключа нет.

Поэтому я не мог уйти из комнаты. Весь день я был в общежитии. Даже продукты мне купили друзья.

P. S. (по скрипту) Уважаемый преподаватель! Я попросил друга передать вам эту записку, потому что сегодня, в понедельник, я опять не смогу прийти на урок: приедет моя сестра, я должен поехать в аэропорт и встретить её. Извините, пожалуйста.

Ваш студент Ли Кун

Ответьте на вопросы.

1. Почему Ли Кун не ходил на уроки в прошлый понедельник?
2. Что случилось во вторник?
3. Куда он пошёл в среду?
4. А что случилось с ним в четверг?
5. Почему он не мог уйти из комнаты в пятницу?
6. Почему он опять не сможет прийти на урок в этот понедельник?

参考译文

请假条

亲爱的老师！对不起,我上周没有来上课。我很喜欢俄语,但我有很多麻烦事。

周一我的妈妈从韩国给我打来电话。她说,我的妹妹很快要来莫斯科。我去大使馆办手续了。

周二我坐有轨电车去学校了。工会大街有很严重的堵车。我在有轨电车上等了6个小时,然后课程结束了,我就回家了。

周三早晨我肚子很疼,我就去看医生了。

周四我坐地铁去学校了,因为怕再遇到堵车。在地铁上警察让我出示护照并说我的签证已经到期了。我就去了大使馆。

周五我从宿舍的房间出来,想要关门,但是钥匙不见了。我去找了宿舍管理员,说我需要一把新钥匙。但宿舍管理员说没有钥匙。所以我不能离开房间。我一整天都呆在宿舍里。甚至我的食品都是朋友们给我买的。

另外(P.S.),尊敬的老师！我拜托朋友把这个字条交给您,因为今天,周一我又不能去上课:我的妹妹要来,我要去机场接她。请原谅。

您的学生：李孔

☞ Текст 157
Мой друг и моя жена

Мой друг — очень известный футболист. Я даже не могу сказать, как его зовут, потому что это очень популярный в России и в мире человек. Ему только 25 лет, как и мне. Раньше мы учились в одной школе. В то время его никто не знал, и мы могли вместе ходить в кино, в кафе, в клубы. А сейчас...

Все узнают его, просят автограф, хотят вместе сфотографироваться. Девушки ждут его у дома, дарят ему подарки, просят номер телефона. Но он никому его не даёт, потому что у него уже есть девушка. Он очень её любит, скоро они поженятся.

Год назад одна девушка, Маша, попросила у меня номер его телефона. Конечно, я его не дал. Каждое утро она ждала меня у дома, а вечером — у университета, в котором я учился. И всё время просила телефон моего друга. Мы вместе гуляли по городу, ходили в кино, на дискотеки. Это продолжалось год.

Сейчас Маша — моя жена, скоро у нас будет ребёнок. Сейчас она не просит телефон друга.

 Ответьте на вопросы.

1. Кто друг автора?
2. Сколько лет его другу?
3. Почему друг автора никому не даёт свой номер телефона?
4. Что случилось год назад?
5. Кто Маша?

我的朋友和我的妻子

我的朋友是一位很有名的足球运动员。我甚至不能说出他叫什么名字,因为他在俄罗斯乃至世界上都是非常有名的人。他跟我一样只有25岁。以前我们在一所学校读书。那时候还没有人认识他,所以我们可以一起去电影院,去咖啡厅,去俱乐部。而现在……

所有人都能认出他,找他签名,与他合影。姑娘们在他家附近等他,送他礼物,要他的电话号码。但他没有把电话号码给任何人,因为他已经有女朋友了。他非常爱她,他们很快将结婚。

一年以前,一个名叫玛莎的姑娘向我要他的电话。当然我并没有给她。每天早晨她都在我家门前等我,晚上在我学习的学校旁等我。我们一起在市里散步,一起去电影院,一起去舞厅。这种情况持续了一年。

现在玛莎是我的妻子,很快我们的孩子就降生了。现在她不向我要我朋友的电话了。

☞ Текст 158
О московских магазинах

Я живу в Москве уже несколько дней. Это очень большой и интересный город. Раньше я смотрел достопримечательности Москвы: был на Красной площади, в Кремле, в Большом театре и в других интересных местах.

Потом решил узнать больше о московских магазинах: где можно купить продукты, одежду, сувениры, газеты. Конечно, в Москве очень много магазинов, больших и маленьких. Самые большие магазины — ГУМ и ЦУМ. ГУМ — это государственный универсальный магазин, ЦУМ — центральный универсальный магазин. Ещё есть «Детский мир». Ну это понятно. Сейчас в этих магазинах можно купить всё: одежду, обувь, косметику, часы, посуду, бытовую технику, — там находятся магазины многих иностранных фирм, бути́ки. В Москве есть и супермаркеты, и небольшие магазины, есть магазины, которые работают 24 часа. На всех улицах есть павильоны и киоски, в которых продают продукты, цветы, газеты, овощи, фрукты.

Я заметил, что русские очень любят читать. Они читают и в транспорте, и в парках, и, конечно, дома. Наверное, поэтому в России много книжных магазинов. В них можно купить книги, учебники, словари, открытки, альбомы, сувениры, канцтова́ры, CD, DVD. Ещё в Москве есть рынки. Там очень большой и хороший выбор овощей и фруктов, продуктов и вещей. И обычно там они недорогие.

Я и мои друзья покупаем продукты в небольшом магазине, который находится у метро. Там всегда свежие и недорогие продукты. Обычно мы покупаем там хлеб, молоко, масло, колбасу, сыр, мясо, рыбу, иногда что-нибудь сладкое. В воскресенье мы любим ходить на рынок и покупаем там овощи и фрукты: картофель, капусту, морковь, яблоки, виноград. А газеты, журналы, ручки, цветы, сигареты покупаем в киосках на улице.

 Ответьте на вопросы.

1. Какие большие магазины есть в Москве?
2. Где в Москве можно купить продукты?
3. Что можно купить в павильонах и киосках на улице?
4. Что можно купить на рынках?
5. Где друзья покупают продукты? А где — газеты?

莫斯科的商店

我在莫斯科已经住一些天了。这是一座很有趣的大城市。以前我看过莫斯科的名胜：到过红场、克里姆林宫、大剧院和其他感兴趣的地方。

然后我决定多了解一下莫斯科的商店：在哪里可以买到食品、服装、纪念品、报纸。当然，在莫斯科有许多大大小小的商店。最大的商店但是ГУМ和ЦУМ。ГУМ是国营百货商店，ЦУМ是中央百货商店。还有《儿童世界》。很显然，现在在这些商店里可以买到所有的东西：服装、鞋、化妆品、手表、餐具、家用电器，因为许多外国公司的商场、精品服饰店都位于那里。在莫斯科还有超市、小型商店、有24小时营业的商店。每一条街道上都有出售食品、鲜花、报纸、蔬菜、水果的售货亭。

我发现，俄罗斯人非常喜欢阅读。他们无论是在交通工具里、公园里都读书，当然，在家里也是如此。大概，因此俄罗斯有许多书店。在书店里可以买到各种书、教科书、字典、明信片、相册，纪念品，办公用品，CD、DVD。在莫斯科还有市场，在那里的蔬菜、水果、食品和其他东西品种繁多，质量好。而且那里的东西通常也不贵。

我和我的朋友们在地铁旁的小商店里买食品。那里的食品总是新鲜又不贵。我们通常在那里买面包、牛奶、黄油、香肠、奶酪、肉、鱼，有时还买甜品。星期天我们喜欢去市场买蔬菜和水果：土豆、白菜、胡萝卜、苹果、葡萄。而报纸、杂志、笔、鲜花和香烟在街道上的售货亭里买。

Текст 159
Ничего не забыл

Здравствуйте, меня зовут Виктор. Я инженер и работаю на заводе. У меня есть семья: жена — её зовут Марина, сын — его зовут Павел, дочь — её зовут Надя.

Сегодня утром я решил пойти в магазин — купить пиво и сигареты. Но жена сказала: «Ещё обязательно купи два батона хлеба, белого и чёрного, три пакета молока, пачку масла, килограмм колбасы, полкило сыра. И ещё пачку чая». Потом мой сын сказал: «Папа, а мне, пожалуйста, купи яблочный сок и орехи». Потом прибежала моя дочь Надя: «Папа, ты идёшь в магазин? Купи мне шоколад, печенье и конфеты». Потом пришла моя мама и сказала: «А, Виктор… Хорошо, что ты идёшь в магазин. Купи мне, пожалуйста, кефир, творог и сметану, только свежие».

Я не мог запомнить столько покупок, ведь обычно в магазин ходит моя жена, и сказал жене: «Ладно, напиши мне список, что нужно купить!» Жена написала всё, что просили купить она, мама и дети. Я пришёл в магазин, взял список и стал смотреть. Так… хлеб — белый и чёрный, молоко — 3 пакета, масло — 1 пачку, колбаса — 1 кг, сыр — 500 грамм, пачку чая, потом — яблочный сок, орехи — сыну, шоколад, печенье, конфеты — дочери, кефир, сметану, творог — маме. Ох, кажется, всё! Ничего не забыл. Я всё купил и пошёл домой. Даже устал.

Жена посмотрела, какие продукты я купил, и сказала: «Молодец!» Я сел, взял газету и вспомнил: а где же пиво и сигареты? Я забыл их купить!

 Ответьте на вопросы.

1. Кто Виктор по профессии и где он работает?
2. Какая у него семья?
3. Что он хотел купить в магазине?
4. Что сказала ему жена?

5. Что попросили купить сын, дочь и мама?
6. Почему Виктор не запомнил всё, что нужно купить?
7. Что и кому Виктор купил в магазине?
8. Что он забыл купить? Как вы думаете, почему?

参考译文

什么都没忘

您好,我叫维克多。我是工程师,在工厂工作。我有家庭:妻子叫马琳娜,儿子叫帕维尔,女儿叫娜佳。

今天早晨,我决定去商店买啤酒和香烟。但妻子说:"还一定要买两个长面包,黑的和白的各一块,三袋牛奶,一包黄油,一公斤香肠,半公斤奶酪。还有一包茶叶"。然后,我儿子说:"爸爸,请给我买苹果汁和核桃"。接着,我女儿娜佳跑来对我说:"爸爸,你是要去商店吗?给我买巧克力、饼干和糖果"。之后,我妈妈也来对我说:"哦,维克多……你要去商店太好了,请给我买酸牛奶、奶渣和酸奶油,只要新鲜的"。

我记不住买这么多东西,要知道,平时是我妻子去商店,于是我对妻子说:"好吧,给我写个需要买的东西的清单吧!"妻子写好了自己、妈妈和孩子们要买的一切。我来到商店,拿出清单开始看:面包要一个白和一个黑的,牛奶要三盒,黄油要一包,香肠要一公斤,奶酪要500克,一包茶叶,还有给儿子买的苹果汁、核桃,给女儿买的巧克力、饼干、糖果,给妈妈买的酸牛奶、酸奶油和奶渣。噢,好像,所有的东西都买了!什么都没忘。我买好所有东西后就回家了。我甚至感到很疲劳。

妻子看了看我买的食品后说:"好样的!"我坐下,拿起报纸并想起来了:啤酒和香烟在哪里?我忘记买了!

Текст 160

Лето — это моё время

— Игорь, какое твоё любимое время года? — Моё любимое время года лето. — Почему лето? — «Лето — это маленькая жизнь», как говорится в песне. Летом всё цветёт, всё зелёное, яркие краски. Очень тепло, даже жарко. Можно купаться, загорать, плавать, ловить рыбу, гулять, собирать грибы и ягоды. Летом много овощей, фруктов, цветов. Можно целый день гулять на улице. Летом даже в городе хорошо. А за́ городом вообще отлично. Я очень люблю природу: я люблю лес, люблю поле, люблю гулять и в лесу, и в поле. В лесу так интересно: много цветов, растений, деревьев, много ягод, грибов, маленьких жучко́в, птиц... А в поле такой простор и свобода!

Ещё я очень люблю плавать. Недалеко от нашего города большая река. Я всё лето плаваю в ней. И в ней можно ловить рыбу. Я люблю ходить рано утром на рыбалку.

А ещё летом можно поехать на море. Обычно мы с друзьями ездим на Чёрное море. Там прекрасно: морской воздух, хорошие пляжи, высокие горы, красивая природа... Мы любим загорать на пляже, плавать, ходить в горы... Лето — это лучшее время года! — Но летом жарко! — А я люблю жару, я родился в июле, и лето — это моё время!

 Ответьте на вопросы.

1. Какое любимое время года Игоря? Почему?
2. Что можно делать летом?
3. Где любит гулять Игорь и почему?
4. Что он ещё любит делать летом?
5. Куда он обычно ездит летом с друзьями?
6. Игорь любит жару?

参考译文

夏天——这是我的季节

— 伊戈尔,你喜欢哪个季节? — 我喜欢的季节是夏季。——为什么是夏季? — 正像一首歌里所唱的:'夏季——这是小小的人生'。夏季一切都绽放,一切都是绿色的,色彩鲜艳。天气非常暖和,甚至是炎热。可以洗澡,晒太阳,游泳,钓鱼,散步,采蘑菇和野果。夏季有许多种蔬菜、水果、鲜花。可以整天在街上散步。夏天甚至城市里都很好。而一般来说在郊外非常好。我非常喜欢大自然:喜欢森林,喜欢田野,我既喜欢在森林里散步,也喜欢在田野里散步。森林里是那么有趣:里面有许多花、植物、树木,许多野果、蘑菇、小虫子和鸟……而在田野里是那样的辽阔和自由自在!

我还喜欢游泳。离我们城市不远处有一条大河。我整个夏天都在那里游泳。而且在河里可以捕鱼。我喜欢清晨去钓鱼。

夏季还可以去海边。通常我和朋友们去黑海岸边。那里非常美好：海边的空气、良好的海滨浴场、高山，美丽的自然风光……我们喜欢在海滨浴场晒太阳，游泳，去山里……夏天是最好的季节！——但是夏天炎热！——而我喜欢炎热，我出生在七月，所以夏天——这是我的季节！

☞ Текст 161
Я понял, что я заболел

Меня зовут Андрей. Вчера я очень долго катался на лыжах и санках. Было очень здорово и весело! Мы провели на свежем воздухе целый день. Когда я пришёл домой, мне было очень жарко, я был весь мокрый. Я выпил воды́, всё равно жарко. Выпил чай, всё равно жарко. Тогда я съел мороженое, оно было очень холодное, и мне стало хорошо.

Но утром я почувствовал себя плохо: у меня болела голова, болело горло, температура была 38°. Я понял, что я заболел. Я позвонил на работу и сказал, что я заболел. Мои коллеги сказали мне: «Выздора́вливай быстрее!» Я сказал: «Спасибо» и вызвал врача.

Днём пришёл врач и спросил: «Что случилось? Что у вас болит?» Я сказал, что у меня болит голова, болит горло и вообще всё: и руки, и ноги. Врач сказал: «Откройте рот. Так... горло очень красное. У вас ангина». И выписал рецепт. Потом объяснил: «Эти таблетки принимать три раза в день после еды, эти — два раза в день после еды». И добавил: «Пейте больше воды́, чая и больше спите». «Спасибо, доктор», — сказал я, и мне стало грустно.

Вчера всё было так хорошо: я катался на лыжах и чувствовал себя прекрасно. А сегодня всё так плохо: я болею, я не пошёл на работу, нужно пить таблетки. Никогда больше не буду есть мороженое!

✓ Ответьте на вопросы.

1. Что делал Андрей вчера?
2. Что он выпил и съел, когда пришёл домой?
3. Как он почувствовал себя утром?
4. Что у него болело?

5. Куда он позвонил?
6. Что ему сказал врач?
7. Почему Игорю стало грустно?

参考译文

我明白，我生病了

我叫安德烈，昨天我滑了好长时间的雪板和雪橇。非常棒，非常开心！我们在清新的空气中度过了一整天。我回到家时，感到很热，我全身都湿了。我喝了点水，还是感到热。喝了茶，仍然觉得热。于是我吃了冰淇淋，冰淇淋很凉，我觉得很舒服。

但是早晨我感到不舒服：头痛，嗓子痛，体温38度。我明白了，我生病了。我往班上打了电话，说自己生病了。我的同事们对我说："早日康复！"我说"谢谢"，然后叫了医生。

白天医生来了，他问："你怎么了？那里痛？"我说，我头痛，嗓子痛，无论是胳膊还是腿，总之哪儿都痛。医生说："请张开嘴。好……嗓子很红，您患有咽炎"。于是医生开了药方。他又解释说："这些药片每日三次，饭后服用。而这些药片是每日两次，饭后服用"。他又补充说："多喝些热水和茶，多睡觉"。"谢谢医生"，——我说，同时也感到郁闷。

昨天一切还好好的：我滑雪时还自我感觉很好。而今天却一切这么糟糕：我病了，没有去上班，还需要服药。我再也不吃冰淇淋了！

Текст 162
Меня зовут Станислáв

Привéт! Меня зовут Станислáв, можно просто Стас. Вы читаете мою книгу, значит, вы меня уже знаете. Я встаю в 7:30, делаю гимнастику и принимаю холодный душ. Когда мало спишь, это очень помогает! Если у меня есть десять минут, я пью минеральную воду с лимоном и ем мю́сли. Говорят, это полезно. Как минимум, это вкусно! Потом я беру сына, и мы идём в школу. Мы живём в России. Сейчас зима, на улице – 25, и мы идём очень быстро. Потом я еду на работу на метро. В метро я тоже не люблю терять время: иногда пишу задания для студентов на карманном компьютере и всегда читаю газеты: я хочу знать, что делается в мире. Я не очень люблю газеты, но ещё больше я не люблю смотреть телевизор.

Я директор, поэтому на работе я делаю всё, что хочу: даю уроки, потому что люблю видеть, как быстро студенты начинают говорить по-русски; отвечаю на письма партнёров и клиентов; подписываю контракты и сертификаты, работаю в Интернете и контролирую, как все работают. Часто я обедаю со студентами, и они много спрашивают о русской истории и советской системе, о Сталине и Распутине, о мафии, религии и литературе.

После работы я хожу в спортзал на тренировки или играю с детьми. Потом, когда дети идут спать, я ужинаю и снова начинаю работать: пишу книги, которые вы читаете. Я иду спать часа в 2 – 3 ночи. Моя жена говорит, что я не человек... Вы не знаете почему?

 Ответьте на вопросы.

1. Когда встаёт Станислав? Что он делает?
2. Какой сезон сейчас в России?
3. На чём он едет на работу?
4. Что он делает в метро?
5. Что он делает на работе?
6. Что он делает после работы?

参考译文

我叫斯坦尼斯拉夫

你好！我叫斯坦尼斯拉夫，可以叫我斯塔斯。你们读我的书，就是说你们已经了解我了。我7:30起床，做操，洗冷水淋浴。当睡眠少时，这很有效！如果我有十分钟时间，我就喝柠檬矿泉水，吃麦片。听说，这很有益。至少，这很好吃！然后我领着儿子去上学。我们在俄罗斯生活。现在正值冬季，户外零下25度，因此我们走得很快。然后我乘坐地铁去上班。在地铁里我也不喜欢浪费时间：有时我在手提电脑上给学生留作业，而且也总看报纸，因为我想知道世界上正在发生着什么。我不是很喜欢读报纸，但更不喜欢看电视。

我是校长，所以在班上我做想要做的一切：授课，因为我喜欢看到学生们很快开始说俄语；我回复合作伙伴和客户的信件；签署合同和证书，在因特网上工作，并监督大家的工作。我经常与学生们共进午餐，他们问我很多关于俄罗斯的历史和苏联的体制，关于斯大林和拉斯普京，关于黑手党、宗教与文学方面的问题。

下班后,我去健身房锻炼或同孩子们一起玩。然后,当孩子上床睡觉时,我吃晚饭,接着又开始工作:写你们读的书。我夜间2-3钟睡觉。我妻子说,我不是人……你们知道为什么吗?

☞ Текст 163
Одноклассники

На сайте «Одноклассники» ищут друг друга те, кто раньше учился в одном классе. Вот два письма с этого сайта.

Анна — Виктору

Здравствуй, Виктор! Я очень рада, что ты написал мне. Десять лет я ничего не знала о тебе. Я живу сейчас в Петербурге. Работаю в университете, преподаю литературу.

Я хорошо помню наши школьные годы. Помнишь нашу учительницу математики Марию Ивановну? Ты хорошо знал математику. А я не любила математику, но очень любила литературу. Ты помнишь Антона? Он очень плохо учился, я слышала, сейчас он работает водителем такси.

Ты помнишь, наверное, что в восьмом классе я любила Антона. Только тебе я рассказала об этом.

Ты всегда понимал меня. Один раз ты дал мне свой билет в кино, а Антону сказал, что не можешь пойти с ним. И я пошла в кино с Антоном. Но Антон любил мою подругу Наташу. Поэтому он всё время, даже когда мы смотрели кино, говорил о ней. Он очень любил её.

Как ты? Где работаешь? Напиши о своей семье.

Виктор — Анне

Здравствуй, Анна! Я тоже очень рад! Я живу в Москве. Работаю в банке. Я финансист. Я не женат, живу один.

Анна, я помню, что ты любила Антона, а Антон любил Наташу. Но ты не знала, что я любил тебя, а Наташа любила меня. Конечно, я хотел пойти в кино с тобой, а Антон — с Наташей. Сейчас Антон и Наташа — муж и жена. Они тоже живут в Москве. Недавно я остановил такси и увидел, что водитель — наш Антон! Я не видел его 10 лет! Он действительно работает водителем такси. Всё это время я искал тебя, я не знал, что ты уехала в Петербург. Нам надо обязательно встретиться. Я приглашаю тебя в Москву. Если хочешь, я приеду в Петербург.

Ответьте на вопросы.

1. Сколько лет одноклассники ничего не знали друг о друге?
2. Куда уехала Анна?
3. Что она преподаёт?
4. Что она любила и что не любила, когда училась в школе?
5. Кого любила Анна? Кого любил Виктор?
6. Где живёт и работает Виктор?
7. Что он любил и что он не любил, когда учился в школе?
8. Где живут Антон и Наташа?
9. Кого любила Наташа? Кого любил Антон?
10. Куда Виктор приглашает Анну?

参考译文

同班同学

以前在一个班级学习的同学们在《同班同学》网站上互相寻找。下面是两封来自该网站上的信。

安娜——维克多：

维克多，你好！我很高兴你给我写信。已经十年我没有你的任何消息。我现在住在圣彼得堡，在大学工作，教文学。

我还清楚地记得我们的学生时代。你还记得我们的数学老师玛利亚·伊万诺夫娜吗？你数学学得很好，而我很不喜欢数学，但很喜欢文学。你还记得安东吗？他学习不好，我听说，他现在是出租车司机。

你可能还记得我在八年级的时候喜欢过安东。这件事我只对你讲了。

你一直都是那么理解我。有一次你把自己的电影票给了我，而你对安东说，你不能和他一起去。于是我跟安东一起去了电影院。但安东喜欢我的朋友娜塔莎。所以甚至我们看电影的时候他都一直在说她。他很喜欢她。

你怎么样？在哪儿工作？写一下你的家庭情况。

维克多——安娜：

安娜，你好！我也很高兴！我住在莫斯科。在银行工作。我是财务人员。我没有结婚，一个人住。

安娜，我记得那时你喜欢安东，而安东喜欢娜塔莎。但你不知道，我喜欢你，而娜塔莎喜欢我。当然，我想跟你一起去电影院，而安东想跟娜塔莎一起去。现在安东和娜塔莎是夫妻。他们也住在莫斯科。不久前我打车，看到司机是安东！我十年没有见过他了！他确实是出租车司机。我一直在找你，我不知道你去了圣彼得堡。我们一定要见面。我邀请你来莫斯科。如果你愿意，我可以去圣彼得堡。

☞ Текст 164
Одноклассники (продолжение)

Через неделю Виктор получил письмо от Наташи. Вот оно.

Наташа — Виктору

Здравствуй, Виктор! Ты знаешь, я ещё в школе любила тебя. Но ты любил только одну девушку — мою подругу Анну. Анна любила Антона, а Антон любил меня. Просто мыльная опера! Как всё сложно! Потом Анна уехала из Москвы.

Пять лет назад мы с Антоном поженились. Скоро я поняла, что это была ошибка. Я никогда не любила Антона. Я не могу тебя забыть.

Мой муж очень неинтересный человек. Он работает водителем такси. Но проблема не в этом. Просто мне очень скучно с ним. Я актриса. Я люблю театр, кино, музыку. А Антон не любит ничего. Он не любит искусство. Я не знаю, о чём с ним говорить. Даже на мои спектакли он не приходит. Я хочу встретиться с тобой и поговорить. Можно пойти в кафе. Вспомним школу, нашу учительницу Марию Ивановну, нашу дружбу.

Виктор — Наташе

Наташа, здравствуй! Я понимаю тебя. Но Антон очень любил тебя ещё в восьмом классе, и я знаю, что и сейчас он любит тебя. Недавно он пригласил меня в театр на спектакль, в котором играла ты. Мы хотели прийти на спектакль вместе с Антоном (хотели сделать тебе сюрприз). Антон купил два билета. Но потом приехала Анна, и Антон дал ей свой билет. Поэтому он не смог пойти на спектакль. Мне и Анне очень понравилось, как ты играла.

Наташа, извини, мне очень жаль. Но ты знаешь, что я ещё в школе любил Анну. Через месяц у нас будет свадьба. Давай будем просто друзьями.

Ответьте на вопросы.

1. Когда Виктор получил письмо от Наташи?
2. О чём она писала?
3. Почему Антон не пошёл на спектакль?
4. Когда у Виктора и Анны свадьба?

同班同学（续）

一周后维克多收到了娜塔莎的来信。下面是信的内容。

娜塔莎——维克多：

维克多，你好！你知道吗，还是在中学的时候我喜欢过你。但你只喜欢一个姑娘——我的好朋友安娜。安娜喜欢安东，而安东喜欢我。简直是一部肥皂剧！一切都那么复杂！然后安娜离开莫斯科。

五年前我跟安东结了婚。很快我明白了这是一个错误。我从来都没喜欢过安东。我忘不了你。

我的丈夫是个很无趣的人。他是出租车司机。但问题不在于此。我跟他在一起简直是很无聊。我是个演员，我喜欢戏剧，电影和音乐。而安东什么也不喜欢。他不喜欢艺术。我不知道该跟他说什么。他甚至不来看我的剧。我想与你见面聊一聊。可以去咖啡厅。我们回忆一下学校，我们的老师玛利亚·伊万诺夫娜，我们的友谊。

维克多——娜塔莎：

娜塔莎，你好！我理解你。但安东在八年级的时候就很喜欢你，而且我知道现在他也很爱你。不久前他邀请我去剧院看你演的剧。我们想一起去（想给你个惊喜）。安东买了两张票。但后来安娜来了，于是安东把自己的票给了她。所以他没能去看你演的剧。我和安娜很喜欢你的表演。

娜塔莎，对不起，我感到很遗憾。但你知道，我在中学就很喜欢安娜。一个月后我们将举行婚礼。就让我们做好朋友吧。

☞ Текст 165
Мой день рождения

Сегодня у меня день рождения. Сегодня мне 20 лет. Я очень люблю этот праздник. И в этот день всегда приглашаю своих друзей.

Утром меня поздравили мама и папа. Они сказали: «Дорогой Паша! Поздравляем тебя с днём рождения и желаем тебе здоровья, счастья, радости, успехов в учёбе. Особенно успехов в учёбе. Очень важно получить хорошую профессию. Желаем тебе хорошо учиться». Потом позвонил мой друг Гена: «Паша, с днём рождения тебя! Желаю тебе больших успехов в спорте и счастья в личной жизни».

В университете я встретился со своей девушкой Олей. Она сказала мне: «Дорогой Паша! Поздравляю тебя! И желаю всего самого-самого доброго и хорошего, надеюсь, что мы всегда будем вместе».

Потом меня поздравляли другие студенты и все говорили хорошие слова. Конечно, было очень приятно. Вечером ко мне в гости пришли друзья. Было очень весело. Мы пели, танцевали... Пили шампанское за моё здоровье. Потом пошли гулять.

Мне подарили много подарков. Мама с папой подарили красивый костюм, рубашку и галстук. Мой друг Гена подарил отличные диски с записями моей любимой группы. А Оля подарила новый мобильный телефон и сказала: «Чтобы ты звонил мне почаще». Ещё подарили книги, интересные сувениры, футбольный мяч с автографами любимых футболистов... Хорошо, когда тебе 20 лет и у тебя есть много друзей. Как говорится, «Не имей сто рублей, а имей сто друзей».

 Ответьте на вопросы.

1. Какой праздник был у Паши?
2. Сколько лет ему было?
3. Как поздравили Пашу мама и папа, что они пожелали ему?
4. Как его поздравил Гена, что он пожелал ему?
5. Как его поздравила Оля?
6. Какие подарки подарили Паше?

参考译文

我的生日

今天是我的生日。今天我20岁了。我很喜欢这个节日。而且在生日这天我总是邀请自己的朋友。

早上爸爸妈妈向我表示祝贺。他们说到:"亲爱的巴沙!祝你生日快乐,祝你健康、幸福、快乐、学习进步。特别是学习进步。很重要的是能够找到一份好工作。祝愿你好好学习"。然后我的朋友盖纳给我打电话:"巴沙,生日快乐!祝你在体育运动方面取得好成绩、个人生活幸福。"

在学校里我跟我的女朋友奥莉娅见了面。她对我说:"亲爱的巴沙!祝贺你!我把最最美好的祝愿送给你,希望我们永远在一起。"

然后其他的同学们都对我表示祝贺,并且所有的人都对我表达了美好的祝愿。当然我很高兴。晚上我的朋友们来到我家做客。大家非常高兴。我们唱歌,跳舞……大家喝了香槟酒,祝愿我身体健康。然后我们出去散步。

我收到了很多礼物。爸爸妈妈送给我一套漂亮的西装、衬衫和领带。我的朋友盖纳送给我一个我最喜欢乐队的光盘。而奥莉娅送给我一款最新的手机,她说:"希望你能更经常给我打电话"。我还收到了书、有趣的纪念品,有我最喜欢的球员们签名的足球……当你20岁、而且有很多朋友的时候是非常好的。就像人们常说的:"宁愿有一百个朋友,不要一百卢布"。

Текст 166
Я был в гостях у своего русского друга

— Ге́льмут, что ты делал в воскресенье?

— Я был в гостях у своего русского друга. Было очень хорошо, весело. Но никто не говорил по-немецки. И мне было трудно, я ничего не мог сказать и я ничего не понимал.

— Тебе нужно было подготовиться!

— Да, нужно было выучить новые русские слова. Антон, помоги мне, пожалуйста.

— Во-первых, тебе нужно обратить внимание на императив глаголов. Посмотри, сколько таких слов употребляется в гостях.

Сначала говорят: «Проходите! Раздевайтесь!» И ты снимаешь пальто или куртку и проходишь в комнату. Потом говорят: «Садитесь, пожалуйста!» И ты садишься на стул или на диван. Потом хозяева обычно говорят: «Прошу к столу!» И ты садишься за стол. А когда ты сидишь за столом, слышишь ещё несколько глаголов в форме императива: «Угощайтесь! Не стесняйтесь! Будьте как дома!» А когда говорят о блюдах на столе или напитках, говорят так: «Попробуйте…» И ты пробуешь какое-то блюдо. «Кладите!» — и ты кладёшь на тарелку что-то. «Наливайте!» — и ты наливаешь вино или воду. Русские очень любят угощать и ухаживать за гостями. Конечно, если ты пришёл в гости, хорошо бы сказать тост. Тосты принято говорить в гостях у русских. Ты можешь сказать всего несколько слов: «Предлагаю тост за хозяйку дома!» Или ещё за кого-то.

В конце вечера принято говорить: «Спасибо за приятный вечер, но мне пора». И, конечно, нужно сказать хозяйке: «Спасибо, всё было очень вкусно».

— Сколько новых слов! Спасибо, ты мне очень помог. Теперь в гостях я буду чувствовать себя лучше.

  Ответьте на вопросы.

1. Почему Гельмуту в гостях было трудно?
2. На что ему нужно было обратить особое внимание?
3. Какие слова употребляются, когда гости входят?
4. Какие слова употребляются, когда гости сидят за столом?
5. Какие слова употребляются, когда гости уходят?

参考译文

我去我的俄罗斯朋友家做客了

— 格尔穆特,你周日做什么了?

— 去我的俄罗斯朋友家做客了。过得很开心,很快乐。但没有人说德语。我感到很难,我什么都不能说,也什么都不懂。

— 你应该做一下准备!

— 是的,应该记住一些俄语新词。安东,请帮帮我。

— 首先,你应该注意动词命令式。你看,在做客时这样的词用得很多。

首先人们会说:"请进!请脱掉外衣!"那么你应该脱掉大衣或者夹克,进入房间。然后人们会说:"请坐!"那么你就坐在椅子或者沙发上。然后主人通常会说:"请入席!"那么你就要坐到餐桌旁。当你坐在餐桌旁时,还会听到几个动词命令式:"请吃!不要拘束!就像在自己家一样!"而当说到餐桌上的饭菜或者饮料时,人们通常会说:"请尝一尝……"那么你就尝一尝某个菜。"请夹菜!"那你就往盘子里放一点儿菜。"请倒饮品!"那你就倒葡萄酒或者水。俄罗斯人很喜欢招待和关照客人。当然,如果你来做客,最好说祝酒词。在俄罗斯人家里做客时通常要说祝酒词。你可以只说几个词:"为女主人干杯!"或者是为某人干杯。

晚上结束时通常要说:"谢谢这个愉快的晚上,但我该走了"。当然,还应该对女主人说:"谢谢,所有饭菜都很好吃"。

——好多新词呀!谢谢,你帮了我很大的忙。现在如果去做客,我会感到更好。

☞ Текст 167
Сейчас всё изменилось

Меня зовут Анна Сергеевна. Я уже на пенсии. 40 лет я проработала в школе учительницей. Я преподавала в начальной школе, в первых классах. Я очень любила свою работу, И дети были замечательные. Сейчас всё изменилось. Наверное, жизнь изменилась, и дети поэтому изменились тоже. Да и школа стала совсем другой.

Вот, например, школьная форма. Почему сейчас её нет? Не знаю. Мне очень нравилась школьная форма. Девочки раньше ходили в коричневых платьях, а мальчики носили синие костюмы и белые рубашки. Школьная форма, по-моему, это очень красиво. Коричневое платье идёт любой девочке. И нарядно, и красиво. Школьная форма была очень удобна. Когда холодно, в ней тепло. А когда жарко? А когда жарко, девочки тоже носили синюю юбку с белой рубашкой. Как мальчики. Красиво и удобно.

А главное, школьная форма была дешёвая. Школьную форму можно было купить в любом магазине. И не очень дорого. Форму могли купить все родители. У кого много денег, у кого мало денег —

всё равно. А сейчас, посмотрите, в чём сейчас дети ходят в школу?! Кто в джинсах, кто в брюках, кто в платье, кто в юбке с кофтой. Слава Богу, что ещё в шортах не ходят. Каждый день ребёнок хочет быть в школе в чём-нибудь новом, красивом. Чтобы быть лучше всех, красивее всех. Ну разве это хорошо? Лучше бы учился! А не о нарядах думал! У меня у самой внучка. Так каждое утро слёзы. В этой кофте не пойду, и в этой кофте тоже не пойду, а в этом платье я уже ходила вчера. Бедные родители! Где взять столько денег!

Да ещё девочки сейчас в школу ходят в серьга́х, брасле́тах. Раньше бы в серьга́х в школу не пустили. А сейчас! Я здесь недавно видела школьницу. Так у неё три серьги в ухе! Три серьги! Представляете?! Какая же это школьница?

Нет, раньше в школе больше было порядка!

 Ответьте на вопросы.

1. Сколько лет Анна Сергеевна проработала в школе учительницей?
2. Она любила свою работу?
3. Что сейчас изменилось?
4. В чём дети ходили в школу раньше?
5. А в чём они ходят в школу сейчас?
6. Каких девочек не пустили в школу раньше?
7. Какую школьницу недавно видела Анна Сергеевна?

现如今一切都改变了

我叫安娜·谢尔盖耶夫娜。现在我已经退休了。我在学校当了40年的老师。我在小学教学,教低年级。我很热爱自己的工作,孩子们也都很优秀。现在一切都变了。也许生活已经发生了改变,所以孩子们也发生了改变。而且学校也完全变了样。

例如,校服。为什么现在没有校服了呢?我不知道。我非常喜欢校服。从前女孩子们穿着深褐色的连衣裙,而男孩子们穿着蓝色的西装与白色的衬衫。在我看来校服是非常漂亮的。深褐色的连衣裙适合每个女孩儿,既华丽又漂亮。校服也非常舒适。冷的时候穿上它很暖和,而热的时候呢?热的时候女孩子们也可以穿蓝色裙子和白色衬衫。像男孩子们一样,漂亮而舒适。

而最重要的一点是校服很便宜。可以在任何商店买到校服,并且价钱并不昂贵,所有家长都能买得起。不论穷人或富人都一样。但是现在看一看吧,现在的孩子们穿的都是什么?!有的穿牛仔裤,有的穿长裤,有的穿连衣裙,有的穿短裙和短上衣。谢天谢地,他们还没穿短裤!孩子每天都想穿漂亮的新衣服上学。其目的是要穿得比其他人都好、都漂亮。难道这是好事吗?学习才是更好的事情!而不是考虑装束!我自己有个孙女。每天早晨都哭哭啼啼,穿这件短上衣不合适,穿这件也不合适,而这件连衣裙我昨天已经穿过了。可怜的父母啊!到哪里去挣这么多钱!

现在女孩子们还居然戴耳环和手镯去上学。从前戴耳环的学生是不允许进学校的。但是现在!我不久前在这里就曾看到一个女生。她的一只耳朵上竟然戴了三只耳环!三个耳环!您想想看吧?!这是什么学生啊?

不,还是从前学校里更有规矩!

☞ Текст 168
Я живу с сыном и его семьёй

Я живу с сыном и его семьёй. Два года назад мой сын получил новую квартиру в Ми́тине. Два года! Как быстро летит время, а кажется, только вчера переехали. Сыну дали квартиру в Митине. Вы, наверное, слышали? Это новый район Москвы. Работаю же я совершенно в другом конце Москвы. Каждый день я езжу на работу. Я ещё совсем нестарая женщина. Мне чуть больше пятидесяти. В прошлом месяце 54 года исполнилось. Но в последнее время я часто задумываюсь о пенсии. Уж очень тяжело добираться до работы.

Ну, во-первых, до работы нет прямого сообщения. Метро в нашем районе нет. И когда построят — неизвестно. До работы мне приходится добираться на двух видах транспорта. Сначала на автобусе, потом на метро. На автобусе до метро я еду около двадцати минут. А потом около ча́са еду на метро. Почему так долго? Да потому что приходится делать пересадку. Я пересаживаюсь в центре. Вот так. Автобус, потом метро. Очень долго.

Во-вторых, автобусы ходят редко. Вот и сейчас. Сколько мы с

вами разговариваем? Да уж минут десять. А автобуса всё нет. Да... Автобусы — это всегда проблема. Очень плохо ходят автобусы. Особенно днём.

В автобусе и метро всегда много народу. Ведь я обычно езжу в час пик. Все едут на работу, и я еду на работу. Все едут с работы, и я возвращаюсь с работы. Особенно много людей в автобусе. Едешь обычно стоя. Никто места не уступит. Да я молодёжь понимаю. Смотрю иногда на молодых — бледные, уставшие, многие в транспорте спят. Мне молодёжь жалко.

И почему у нас так мало думают о людях! Сначала надо о транспорте думать, а потом новые дома строить!

 Ответьте на вопросы.

1. С кем живёт автор?
2. Когда и где её сын получил новую квартиру?
3. Где она работает?
4. Почему в последнее время автор часто задумывается о пенсии?
5. Есть ли прямое сообщение от дома её сына до работы?
6. Как ей приходится добираться до работы?
7. Как ходят автобусы?

参考译文

我和儿子一家住在一起

我和儿子一家住在一起,两年前我的儿子在米季诺得到一套新房子。两年啦!时间过得多么快啊!好像昨天刚搬到这里。儿子在米季诺分到了一处房子。你们大概听说过吧?这是莫斯科的一个新区。而我工作的地方完全是在莫斯科的另一端。每天我都乘车去上班。我还是一位不太老的女人,刚50多岁,上个月满54岁。但是最近我经常考虑到退休,因为我到达工作单位非常困难。

第一,到工作单位没有直达交通工具。我们区没有地铁,也不知道什么时候会建成地铁。我不得不乘坐两种交通工具去上班。先坐公共汽车,然后坐地铁。乘坐汽车到达地铁站大约需要20分钟。而之后乘坐地铁大约需要1个小时。为什么这么长时间呢?因为我必须换乘。我要在市中心换乘。就是这样。先乘坐公共汽车,然后坐地铁。需要很长时间。

第二,公共汽车很少。例如现在,我和您已经谈多久了?约10分钟了。但是公共汽车还没来。是的,公共汽车——这一直都是一个问题。公共汽车运行得很不好,尤其是白天。

在公共汽车与地铁上总是有很多人。要知道我经常是在高峰的时候坐车。所有的人都去上班,我也去上班。所有的人都下班,我也下班。特别是在公共汽车上人很多。并且往往都是站着乘车,根本没有人会让出座位。当然我能理解年轻人。有时我看着那些年轻人,他们面色苍白,很疲劳,许多人都在车上睡觉。我很可怜年轻人。

为什么我们对于人考虑得这么少呢?应该首先考虑交通,其次再建造新楼房!

☞ Текст 169
Са́кура, Теки́ла и Ковбо́й

Мне очень нравятся коты́. Сначала у меня был один прекрасный серый кот. Я американец из штата Теха́с, поэтому я назвал его Ковбо́й. Когда я поехал работать в Японию, Ковбой поехал со мной. В Японии мой друг подарил мне кошку. Я назвал её Сакура. Это очень красивая белая кошка. Потом я работал в Мексике. Там на улице я увидел очень красивого чёрного котёнка. Я взял его, назвал Текила.

Все коты очень разные. Ковбой спокойный и немного ленивый. Он любит спать и есть гамбургеры. Ковбою 5 лет.

Сакура — самая серьёзная. Она любит думать. Ей нравится рыба. Ещё она любит су́ши, но мне трудно покупать ей суши часто, потому что это дорого. Ещё она, как все японцы, любит фотографироваться. Сакуре уже 4 года,

Теки́ла очень весёлая. Ей нравится музыка и танцы. Мне надо каждый день покупать Текиле разную еду, потому что она очень капризная. Текиле 3 года.

Вы уже поняли, что я часто езжу в командировки. Когда меня нет, моя соседка смотрит за кота́ми. Недавно я ездил в командировку на два месяца. Когда я приехал и вошёл в квартиру, меня встречали уже не три кота́, а... пять!

Я забыл сказать, что Текила и Ковбой всегда любили друг друга.

Это их дети, маленькие замечательные котя́та бегали по комнате и играли. Один котёнок — серый, а другой — чёрный.

Им очень нравится играть. Так что мне не скучно с ними. Ещё Матрёшке и Самовару нравится пить молоко. Я назвал их Матрёшка и Самовар, потому что один котёнок — мальчик, а другой — девочка. Я думаю, вы уже поняли, где я сейчас живу.

 Отве́тьте на вопро́сы.

1. Каки́е коты́ есть у э́того америка́нца?
2. Как зову́т его́ кото́в?
3. Что лю́бят де́лать его́ коты́?
4. Кто смо́трит за его́ кота́ми, когда́ он в командиро́вке?
5. Где живёт америка́нец сейча́с?

 樱花，龙舌兰，牛仔

　　我非常喜欢猫。刚开始我有一只非常好的灰色公猫。我是来自德克萨斯州的美国人，所以我给它取名为牛仔。在我去日本工作的时候，牛仔也跟我一起去了。在日本我的朋友送给我一只母猫。我给它取名樱花。这是一只非常漂亮的白猫。后来我在墨西哥工作。在那儿的一条大街上我看到一只非常漂亮的小黑猫。我把它带回家，给它取名龙舌兰。

　　这三只猫很不一样。牛仔很安静，还有些懒。他喜欢睡觉，吃汉堡。他已经5岁了。

　　樱花是最严肃的。她喜欢思考。她喜欢吃鱼。她还喜欢寿司。但我很难经常给她买寿司，因为这很贵。她还像所有日本人一样喜欢照相。她已经4岁了。

　　龙舌兰非常快乐。她喜欢音乐和舞蹈。每天我都要给龙舌兰买各种吃的，因为她很任性。她3岁。

　　你们已经明白了，我经常出差。我不在家的时候，我的邻居帮我照看猫。不久前我去外地出差两个月。当我回到家走进屋的时候，迎接我的已不是3只猫，而是……5只！

　　我忘了说，龙舌兰和牛仔一直很相爱。这是他们的孩子，漂亮的小猫围着屋子跑和玩。一只是灰色的，而另一只是黑色的。

　　它们很喜欢玩。所以我跟他们在一起并不无聊。套娃和茶炊很喜欢喜牛奶。我给他们取名套娃和茶炊是因为它们一只是小公猫,一只是小母猫。我觉得你们应该明白我现在住在哪儿了。

☞ Текст 170
Писатель Мартин Андерсен ездил на необычную экскурсию

В один из своих приездов в Петербург писатель Ма́ртин Андерсен ездил на необычную экскурсию. Он жил в центре, в одной из петербургских гостиниц. Однажды он встал рано утром и пошёл на улицу, где его ждал один русский поэт, с которым он познакомился раньше. Необычная экскурсия началась с того, что сначала они пошли по длинному бульвару, где на скамейках сидели люди и читали книги, газеты или журналы. После этого они долго ехали на метро. В вагоне метро люди тоже читали книги, газеты, журналы. Мартин Андерсен и его знакомый доехали до станции «Горьковская». От метро они пошли к остановке троллейбуса. На троллейбусе они ехали ещё минут пятнадцать. В троллейбусе Мартин Андерсен снова увидел читающих людей. Так они доехали до одного петербургского парка. Они долго гуляли, и русский поэт рассказывал Мартину Андерсену историю этого парка. В парке было много людей. Одни гуляли, а другие сидели на скамейках и читали. Мартину понравился парк, но пора было обедать. У парка они сели на автобус и снова поехали в центр. И опять Мартин увидел людей с книгами, которые сидели в автобусе и читали. Когда они доехали до центра, они пошли обедать в ресторан. Там Мартин Андерсен и его друг-поэт встретились с одним иностранным журналистом. Ему Мартин и рассказал о том, что он видел на этой необычной экскурсии: «Это была самая удивительная и необычная экскурсия! В парках и на бульварах, в автобусах, троллейбусах и метро люди читали книги, журналы, газеты. Но больше всего я удивился, когда увидел молодого человека, который читал стихи! Люди шли к выходу, а он продолжал читать. Большая радость для писателя видеть, как люди вот так читают книги».

 Ответьте на вопросы.

1. Когда писатель Мартин Андерсен ездил на необычную экскур-

сию?

2. С чего началась необычная экскурсия?

3. Где Мартин Андерсен и его знакомый видели читающих людей?

4. Что они делали в парке?

5. Куда они пошли обедать?

6. С кем они встретились в ресторане?

7. О чём Мартин ему рассказал?

参考译文

马丁·安德森经历了一次非同寻常的游览

有一次,作家马丁·安德森来圣彼得堡时经历了一次非同寻常的游览。他当时住在圣彼得堡市中心的一家宾馆。有一次,他一大早起床后来到一位以前相识的俄罗斯诗人曾等他的那条街上。一次非同寻常的游览开始了,他们首先沿着长长的林荫路前行,人们在林荫路的长椅上坐着读书、读纸或读杂志。之后,他们乘了好长时间地铁。在地铁车厢里,人们也读书、读报、读杂志。马丁·安德森和他的熟人到了"高尔基"站。他们从地铁走到无轨电车站。他们又坐了十五分钟的无轨电车。在无轨电车里,马丁·安德森又见到了在读书的人们。就这样他们到了圣彼得堡的一个公园。他们长时间地散步,俄罗斯诗人向马丁·安德森讲述了这个公园的历史。公园里有很多人。有些人在散步,有些人坐在长凳上阅读。马丁喜欢这个公园,但已经到了吃午饭的时间。他们在公园附近坐上公共汽车重返市中心。马丁又看到带着书的人们坐在公共汽车里阅读。他们到达市中心后,去饭店吃午饭。马丁·安德森和他的诗人朋友在那里遇见了一位外国记者。马丁向记者讲述他在这次非同寻常的游览过程中的所见:"这是最令人惊讶而又不寻常的游览!在公园里和林荫路上,在公共汽车、无轨电车和地铁里人们都读书、读杂志和报纸。但当我看到一位读诗的年轻人时,最令我惊讶!人们已向出口走去,他却仍然继续读。对于作家来说,看到人们如此酷爱读书是莫大的快乐。"

Текст 171
Иркутск

Иркутск — один из самых старых городов в Сибири. Более 300

лет назад в 1661 году русские казаки́ основали на берегу реки Ангары́, недалеко от озера Байкал, деревянную крепость — Иркутский остро́г. В 1698 году Иркутск получил ста́тус города и со временем стал значительным административным и торговым центром Восточной Сибири.

Современный Иркутск — крупный промышленный и научный центр Сибири. В городе работает много предприятий, есть свой университет, семь институтов, театры, стадионы, цирк. Иркутский научный центр — второй в Сибири после Новосибирского.

Жить в Сибири не очень легко, но сибиряки́ — люди оптимисти́чные и гостеприи́мные. Они с удовольствием принимают гостей, угощают их сибирскими блюдами.

Одно из самых популярных мест отдыха и туризма в Сибири — озеро Байкал. Это озеро находится недалеко от Иркутска, почти в самом центре Азии. Это самое глубокое озеро в мире. Его даже называют морем. Длина Байкала 636 километров, ширина от 21 до 80 километров. На озере 30 больших и малых островов. В Байкале находится 22% всей пресной воды планеты. Вода в озере очень холодная, чистая и прозра́чная. В озеро несут свои во́ды 336 рек и речек, а вытекает из него только одна — Ангара. В озере много рыбы, около него живут разнообразные животные.

Русские пришли на Байкал ещё в 1643 году. Они составили первое описание озера. В 1916 году построили постоянную научную станцию для наблюдения и описания природы Байкала. Сейчас целый научный институт занимается проблемами охраны этого уникального памятника природы.

 Ответьте на вопросы.

1. Какой город Иркутск?
2. Когда и кто основал Иркутский остро́г?
3. Когда Иркутск получил ста́тус города?
4. Какие люди сибиряки?
5. Где находится озеро Байкал?
6. Что вы знаете о Байкале?
7. Когда русские пришли на Байкал?
8. Что здесь построили в 1916 году?

9. Чем занимается целый научный институт сейчас?

参考译文

伊尔库茨克

伊尔库茨克是西伯利亚最老的城市之一。300多年前的1661年俄罗斯的哥萨克在离贝加尔湖不远的安加拉河岸上建立了一个木制的堡垒——伊尔库茨克小城堡。1698年伊尔库茨克成为城市,并随着时间的推移它成为了东西伯利亚重要的行政和贸易中心。

现代的伊尔库茨克是西伯利亚的大型工业和科研中心。城市中有许多企业,有自己的大学,7个学院,剧院,体育场,马戏团。伊尔库茨克科研中心是西伯利亚仅次于新西伯利亚科研中心的第二大科研中心。

生活在西伯利亚不是很容易,但是西伯利亚人是乐观好客的。他们喜欢招待客人,用西伯利亚菜肴款待客人。

西伯利亚最受人欢迎的休闲旅游地之一就是贝加尔湖。这个湖距伊尔库茨克不远,几乎是在亚洲的最中心。这是世界上最深的湖。它甚至被称作是海。贝加尔湖长636千米,宽21到80千米。在湖面上有30个大大小小的岛屿。贝加尔湖拥有地球上22%的淡水。湖里的水非常凉爽、清澈、透明。336条大小河流流入贝加尔湖,只有一条河——安加拉河从湖中流出。湖里有很多鱼,湖的周围生活着各种各样的动物。

俄罗斯人来到贝加尔湖还是在1643年。他们对湖泊做了最初的描述。1916年建成了一个永久性科学站,用来观测和描述贝加尔湖的自然环境。现在整个科研所都在研究保护这个独一无二的大自然遗迹的问题。

☞ Текст 172
Владивосток

Город находится на восточном берегу Амурского залива, по берегам бухты Золотой Рог. Это конечный пункт самой большой на земном шаре железной дороги и Великого Северного морского пути. Расстояние от Владивостока до Москвы 9172 километра.

Первые русские мореплаватели появились в районе Владивостока в пятидесятых годах 19 века. В 1860 году на берегу глубокой и удобной бухты был основан военный пост, который получил название

«Владивосток». С начала семидесятых годов порт занял видное место на Тихом океане. Через некоторое время, в 1880 году, он получил статус города.

В конце девятнадцатого века Владивосток превращается в центр русской культуры и науки на Дальнем Востоке — выходят газеты, создаются научные общества, институты. Отсюда начинались многие экспедиции известных русских путешественников — Н. М. Пржевáльского, В. К. Арсéньева и др.

Владивосток лежит красивым амфитеáтром по склонам холмóв вокруг бухты Золотой Рог. По берегам Амурского залива расположены парки, дома отдыха, пансионаты, дачи. Многочисленные пляжи с мелким золотистым песком — отличное место отдыха жителей города. Климат в районе Владивостока мягкий. Осень, лучшее время года, солнечная, безветренная и тёплая. Зима короткая и снега бывает не очень много.

Современный Владивосток — это крупный административный, научный и культурный центр Примóрья. В городе большое количество учебных заведений, библиотек, кинотеатров, есть филармóния, драматический театр. Это самый крупный в России торговый порт на Тихом океане, база Тихоокеанского военно-морского флота. Конечно, как и у любого другого города, у Владивостока много проблем. Однако выгодное географическое положение, энергия и талант жителей города позволяют надеяться, что экономические трудности не будут вечными и город действительно станет морскими воротами России на Тихом океане.

 Ответьте на вопросы.

1. Где находится Владивосток?
2. Сколько километров расстояние от Владивостока до Москвы?
3. Когда первые русские мореплáватели появились в районе Владивостока?
4. Когда Владивосток получил статус города?
5. Когда Владивосток превращается в центр русской культуры и науки на Дальнем Востоке?
6. Опишите современный Владивосток.

参考译文

符拉迪沃斯托克

城市位于阿穆尔湾东岸,金角湾沿岸。这是世界上最大铁路的终点,是北方海上航线的终点。符拉迪沃斯托克距莫斯科9172公里。

第一批俄罗斯航海家于19世纪50年代出现在符拉迪沃斯托克地区。1860年在海湾深海适宜区建立了军事哨所,取名为"符拉迪沃斯托克"。自70年代初期港口在太平洋上占有重要地位。一段时间后,于1880年港口成为城市。

19世纪末符拉迪沃斯托克变成远东地区俄罗斯文化和科学中心,出版报纸、建立科学学会及研究所。自此开启了普尔热瓦利斯基、阿尔谢尼耶夫等俄罗斯著名旅行家的众多考察。

符拉迪沃斯托克呈美丽的半圆状环绕于金角湾周围的小山坡上。阿穆尔湾沿岸有公园、疗养院、寄宿学校和别墅。众多柔软的金沙海滨浴场成为城市居民休息的最佳场所。符拉迪沃斯托克地区气候温和。秋季是四季中最好的季节,阳光充足、无风、温暖。冬季短暂,降雪不是很多。

现代的符拉迪沃斯托克是滨海边疆区重要的行政、科学和文化中心。城市里有很多学校、图书馆、电影院,有音乐厅和剧院。这是太平洋上俄罗斯最大的贸易港口,是太平洋舰队海军基地。当然,与其他任何一座城市一样,符拉迪沃斯托克也存在许多问题。但是优越的地理位置、城市居民的巨大能量和才干能够使人相信,经济困难将是暂时的,城市一定会成为俄罗斯在太平洋上的海上门户。

Текст 173
Моё любимое время года

Здравствуйте! Меня зовут Лена. Я учусь в школе. Вчера на уроке мы писали о любимом времени года. Я написала об осени. Осень — моё любимое время года, особенно начало осени — сентябрь. Природа осенью очень красивая, ещё есть зелёные листья, но уже много красных и жёлтых. Когда все листья на деревьях жёлтые, как золотые, то это время в России называют золотая осень. Ещё не холодно, даже тепло. В лесу много ягод и грибов. Я очень люблю ходить в лес, просто гулять. Но иногда я люблю собирать ягоды и грибы. Ещё в начале осени есть период, когда возвращается летнее тепло. В России это время называют «бабье лето».

А потом наступает октябрь, уже холоднее, часто идёт дождь. Но листья на деревьях ещё остаются такие же красивые. И я вспоминаю прекрасные строки Пушкина: «Люблю я пышное природы увяданье, в багрец и золото одетые леса». В октябре начинается листопад. Листья лежат на земле, как разноцветные, пушистые ковры. А когда дует ветер, они очень красиво кружатся, летают и снова падают на землю. Воздух очень свежий, прохладный, хочется гулять.

В ноябре деревья уже почти без листьев, идёт первый снег, дует сильный холодный ветер. И очень приятно в такую погоду сидеть дома, читать интересные книги, пить горячий чай и смотреть на улицу. Там холодно, а дома тепло и уютно.

 Ответьте на вопросы.

1. Где учится Лена?
2. О чём они вчера писали на уроке?
3. Какое её любимое время года?
4. Какое время в России называют «золотая осень»?
5. Что она любит собирать осенью?
6. Какое время в России называют «бабье лето»?
7. Какие строки Пушкина она любит вспоминать?
8. Какая погода в октябре и в ноябре?

我喜欢的季节

您好！我叫列娜。我在学校学习。昨天在课堂上我们写了所喜爱的季节。我写了秋天。秋天是我喜爱的季节，特别是初秋——九月份。秋天的大自然非常美丽，还有绿叶，但已经有很多红叶和黄叶了。当树上所有的树叶都是像金子一样的黄色时，那么在俄罗斯这个季节就被称为金秋。天气还不冷，甚至还暖和。森林里有许多野果和蘑菇。我非常喜欢去森林里，就是散步。但有时我喜欢采野果和蘑菇。初秋还有一段像夏季回归般的温暖时期。在俄罗斯这个时节被人们称为"小阳春"。

而接着十月来临了，天气变冷些了，还常常下雨。但树上的叶子依旧是那样美丽。于是我想起普希金的绝美诗句:"我爱大自然豪华的凋零,森林换上红色和金色的外衣"。十月落叶时节开始了,落在地上的树叶就像多彩的松软的地毯。当风吹过时,叶子优美地打着旋,飞舞着又重新落到地面。空气十分清新、凉爽,使人禁不住想散步。

十一月树上已经几乎没有树叶了,第一场雪到来了,寒风袭来。在这样的天气呆在家里,读一些有趣的书,喝杯热茶,看着街道,会感到十分惬意。户外很冷,而家里却温暖又舒适。

Текст 174
Расскажи, как ты обычно проводишь свой день

— Мэгги, ты живёшь в Москве уже два месяца, расскажи, как ты обычно проводишь свой день? — Утром я встаю в 8 часов, умываюсь, чищу зубы, принимаю душ, причёсываюсь, завтракаю. — Ты так хорошо говоришь все эти трудные слова по-русски! — Да, я их очень долго учила... Потом я завтракаю, потом иду в университет. Обычно я иду пешком — это минут 20. Можно ехать на троллейбусе четыре остановки. Но для меня это как маленькая зарядка.

В 9 часов начинаются занятия. Обычно они идут с 9 до 15 часов, иногда до 14. Потом я иду домой, обычно тоже пешком. Дома обедаю, немного отдыхаю и опять занимаюсь. Но вечером я обычно свободна. Я читаю книги, слушаю музыку, смотрю телевизор. Иногда вечером с друзьями мы ходим в кино, в театр, на дискотеки, просто погулять...

— А в каких московских театрах ты была? — Я была в Большом театре, смотрела балет «Жизéль», была в Театре оперéтты, смотрела «Сильву»... — Тебе понравилось? — Да, очень!

— А что ты обычно делаешь в выходные дни? — В выходные дни я, конечно, тоже занимаюсь, но больше отдыхаю. Мне очень нравится Москва... Нравятся дома, улицы, люди... Нравится гулять по Москве... Я уже была и в Кремле, и на ВВЦ, и в Пушкинском музее... Сейчас зима, и в выходные дни мы часто с русскими друзьями ездим за́ город кататься на лыжах и на санках. Это очень весело!

— А когда ты ложишься спать? Ты сова́ или жа́воронок? —

Вообще-то я сова, я ложусь спать очень поздно. Я люблю вечером работать, учиться или что-то делать. Но утром надо вставать рано, и мне это очень трудно. Но ничего, привыкаю так проводить свой день: рано вставать и рано ложиться.

Ответьте на вопросы.

1. Что Мэгги делает утром?
2. Что для Мэгги — маленькая зарядка?
3. Когда у Мэгги занятия?
4. Что Мэгги делает днём?
5. Что она делает вечером?
6. Куда она ходит с друзьями?
7. Что Мэгги делает в выходные дни?
8. Где уже была Мэгги?
9. Кто Мэгги: сова или жаворонок?

参考译文

请讲述一下，你通常是怎样度过一天的

——梅吉，你在莫斯科已经生活两个月了，讲述一下，你通常是怎么度过一天的？——我早晨8点起床，洗脸，刷牙，洗淋浴，梳头，吃早饭。——你用俄语说这些难词说得这么好！——是吗，我学这些词学好长时间了……然后我吃早饭，之后去上学。我平时步行，大约需要20分钟。可以坐四站地无轨电车。但这对我来说像做一会儿操一样。

9点开始上课。通常上课时间是从9点到15点，有时到14点。然后我回家，通常也是步行。在家吃午饭，稍作休息后，我又学习。但晚上我通常有空闲时间。我读书，听音乐，看电视。有时晚上和朋友们去电影院、剧院、舞厅、散一散步……

——你去过那些剧院？——我去过大剧院，看过芭蕾舞"吉赛尔"，去过轻歌剧院，看过"席尔瓦"……——你喜欢吗？——是的，非常喜欢！

——你在休息日通常做什么？——休息日我当然也学习，但更多时间是用来休息。我喜欢莫斯科……喜欢那里的楼房、街道、人……喜欢在莫斯科散步……我曾经到过克里姆林宫，到过全俄展览中心，也去过普希金博物馆……现在是冬季，因此在休息日我常常和俄罗斯朋友去郊外滑雪和雪橇。非常开心！

——你什么时候入睡？你是个夜猫子还是早起的鸟儿？——总的来

说我是夜猫子，我睡觉很晚。我喜欢晚上工作、学习或做点什么。但早晨要早起，对我来说很难。但没关系，我习惯这样度过自己的一天：早起早睡。

☞ Текст 175
Понедельник — день тяжёлый

Сегодня понедельник, 13-е число. Может быть, поэтому у меня был очень трудный день. Наконец он закончился, и я могу отдохнуть.

Неприятности начались утром — у меня остановился будильник: кончилась батарейка. Из-за этого я даже не позавтракала и чуть не опоздала на работу.

Конечно, в 9 утра́ я была в офисе, но чего мне это стоило! В 9:15 у меня была важная встреча. Недавно мы про́дали партию товара фирме «Восток», и их представитель хотел подписать новый договор.

Обычно по понедельникам у нас бывают совещания. Сегодня шеф был очень недоволен. Он сказал, что мы неправильно офо́рмили нало́говые документы и у нас были проблемы в налоговой инспе́кции. Думаю, нашему финансовому директору нужно искать новую работу. После совещания я весь вечер звонила в юридическую фирму, но так и не дозвонилась: было уже поздно. Я хотела узнать, как можно перерегистри́ровать нашу фирму. Это задание я получила ещё в пятницу. Мне повезло, что шеф забыл меня спросить об этом.

Шеф сказал, что мы должны снять новое помещение под офис. Он хочет, чтобы этим тоже занималась я. Для того чтобы арендовать помещение, нужно обратиться в агентство. Так я и сделала. В агентстве мне предложили два помещения, и сегодня я их посмотрела. К сожалению, они мне не понравились. Одно очень до́рого сто́ит, а второе находится так далеко, что я хотела спросить: «Почему мы едем в Подмосковье?»

В 3 часа я хотела быть на выставке «Ко́мтэк-2006». Сегодня был последний день её работы. К сожалению, я была там только час и посмотрела всё быстро, невнимательно. Как говорится, «гало́пом по

Европам».

Там на выставке мы договорились встретиться с Петровым, но я опоздала. Потом я снова вернулась в офис, потому что забыла отправить факсы.

И вот наконец я дома. Работает телевизор, но я ничего не вижу, не слышу и не понимаю. Я ужинаю, обедаю и завтракаю одновременно. Моя подруга говорит, что так жить нельзя: надо работать, чтобы жить, а не жить, чтобы работать.

Мне кажется, что она права́. Я очень устала, хочу спать... и мне уже не нужна́ моя большая зарплата.

  Ответьте на вопросы.

1. Какой сегодня день?
2. Какие неприятности начали́сь у автора утром?
3. Когда она была в офисе?
4. Когда у неё была важная встреча?
5. Что у них бывает обычно по понедельникам?
6. Почему шеф сегодня был очень недоволен?
7. Что автор делала после совещания?
8. Какой ещё работой шеф попросил автора заниматься?
9. Что делает автор дома?
10. Что она поняла?

星期一——沉重的一天

今天是星期一,13号。也许正因为此我今天过得非常艰难。最终这一天结束了,我可以休息了。

倒霉的事早晨就开始了,我的闹钟停了:电池没电了。因为这个我甚至没有吃早饭,上班还差点儿没迟到。

当然,9点我到了办公室,但费了多大的劲儿啊! 9点15我有一个重要的会晤。不久前我们卖给《东方》公司一批货物,他们的代表还想要签订一份新合同。

通常星期一我们都有例会。今天上司很不满意。他说,我们的税务文件做得不对,我们在税务检查中有很多问题。我认为,我们的财务经理需要找一份新工作了。例会之后我整个晚上都在给法律事务所打电话,但最终都没有打通:已经太晚了。我想了解,如何能重新注册我们的公司。这项任务周五就交给我了。我很幸运,上司忘记问我这件事情了。

上司说,我们应该租一间新房屋作办公室用。他希望这事也由我来做。要想租房,需要到代办处。我来到了代办处。代办处给我提供了两个房屋,今天我去看了。遗憾的是,这两个房屋我都不喜欢。一个非常贵,而第二个在很远的地方,所以我想问:"为什么我们要去莫斯科郊外?"。

3点我想去《2006计算机和信息技术》展览会。今天是展览会展出的最后一天。遗憾的是,我在那里只有一个小时,一切都是很快地看了看,并不仔细。就像常言所说的走马观花。

在展览会上我们说好要同彼得罗夫见面,但我迟到了。然后我又回到办公室,因为我忘了发传真。

这不我终于回到了家。电视开着,但我什么都没看见,什么都没听见,什么都不明白。我同时吃晚饭、午饭和早饭。我的女性朋友说,这样生活是不行的:应该为了生活而工作,而不是为了工作而生活。

我认为她是正确的。我太累了,我想睡觉……我已经不需要我的高薪了。

☞ Текст 176
Все отдыхают по-разному

У меня трудная работа. И очень тяжёлая, но интересная жизнь. Я молодой специалист. Ещё год назад я жил в Канаде и учился в университете, а сейчас я работаю в крупной канадской компании, которая находится в Москве. У меня интересная работа, но сейчас я не хочу о ней вспоминать, потому что я очень устал. Иногда мой рабочий день продолжается не восемь, а десять и даже двенадцать часов.

Сейчас моё любимое время — вечер, пятница. Рабочая неделя кончилась, начинаются выходные, которые пройдут очень быстро. Говорят, «делу — время, потехе — час», поэтому надо подумать об отдыхе.

У каждого человека свои представления об отдыхе (о том, как нужно отдыхать). Некоторые люди любят отдыхать перед телевизором или компьютером, некоторые — с газетой и сигаретой, некоторые — гулять с собакой, а некоторые — на диване с книгой.

По-моему, именно такой человек мой шеф. Он не любит экскурсии, поездки. Иногда он проводит время в дорогом подмосковном санатории. Там он смотрит телевизор, играет в гольф, бильярд. Правда, иногда он ходит в консерваторию вместе с женой. «Когда я слушаю хорошую музыку, — говорит он, — я забываю о работе». Я думаю, что он это делает ради жены. Её зовут Анна, она любит классическую музыку. Говорят, она сама хорошо играет на скрипке.

А вот наша секретарь Стефани очень любит путешествовать. Каждое лето она уезжает в Европу, а в выходные дни осматривает Подмосковье. Стефани — высокая блондинка. Она очень нравится моему другу Джону. Но Джон любит «отдыхать в Интернете», а в выходные дни спит до полудня. «Если я проснусь завтра в 6 утра, — сказал Джон, — я поеду в Архангельское с тобой». Стефани засмеялась и ответила: «Скажи мне, как ты отдыхаешь, и я скажу тебе, кто ты». Интересно, проснётся ли Джон? Стефани пригласила и меня, но я сказал, что поехать не смогу. Завтра днём я хочу пойти в бассейн. Мне нравится заниматься спортом. Когда я был студентом, я играл в футбол и баскетбол. Сейчас я обычно смотрю футбол по телевизору, но каждую субботу хожу в бассейн. А вечером я буду в театре. Лиз и Виктор пригласили меня. У них есть лишний билет в Большой на «Лебединое озеро».

Что делать в воскресенье, я ещё не знаю. Может быть, позвонить Ольге? Мы поссорились, и вот уже пять дней я не знаю, как помириться. А что, если пригласить её куда-нибудь? Говорят, в Третьяковской галерее сейчас новая выставка. Может быть, когда мы будем смотреть картины, мы забудем о нашей глупой ссоре.

Боюсь, если мы не помиримся, мне придётся встречать Новый год в одиночестве.

 Ответьте на вопросы.

1. Как коллегам героя нравится отдыхать?
2. Какое отношение к отдыху наиболее близко вам?
3. Как вы понимаете высказывание Стефани: «Скажи мне, как ты отдыхаешь, и я скажу тебе, кто ты»?
4. Расскажите о планах героя рассказа на выходные дни.

参考译文

所有的人都按不同的方式休息

我有一份艰难的工作。还有很艰难但很有意思的生活。我是一名年轻的专家。一年前我还住在加拿大,在一所大学学习,而现在我在位于莫斯科的一家加拿大大公司工作。我有一份有趣的工作,但现在我不想提起我的工作,因为我太累了。有时我的工作日不是8个小时,而是持续9个甚至12个小时。

现在我最喜欢的时间是周五的晚上。一周的工作结束了,将要过得飞快的休息日开始了。人们常说,该工作的时候工作,该娱乐的时候娱乐,所以应该好好想想如何休息。

每个人对于如何休息都有自己的见解。一部分人喜欢在电视机或电脑前休息,一部分人喜欢休息时边吸烟、边看报,一部分人喜欢遛狗,还有一部分人喜欢坐在沙发上看书。

在我看来,我的上司就是这样的人。他不喜欢游览、旅行。有时他会在昂贵的莫斯科郊外的疗养院度过时间。在那儿他看电视、打高尔夫、打台球。的确,他有时跟妻子一起去音乐学院。"当我听到优美的音乐时,——他说道,——我就忘记工作"。我认为,他这么做是为了妻子。她叫安娜,她喜欢古典音乐。听说,她自己小提琴拉得很好。

而我们的秘书斯蒂凡尼很喜欢旅行。每个夏天她都会去欧洲,而休息日她会去莫斯科郊外参观。斯蒂凡尼是位高个金发女郎。我的朋友约翰很喜欢她。但约翰喜欢休息时上网,而休息日他会睡到中午。"如果明天我6点能起床,——约翰说,——我将跟你一起去阿尔汉格尔斯克"。斯蒂凡尼笑着回答说:"告诉我你是怎样休息的,那么我会告诉你,你是谁"(你平时是如何休息的,我是知道的)。有趣的是,约翰能醒吗?斯蒂凡尼还邀请了我,但我说,我不能去。明天白天我想去游泳馆。我喜欢从事体育运动。当我是大学生的时候,我踢足球、打篮球。现在我通常只在电视上看足球比赛,但每周六我都去游泳馆。而晚上我要去剧院。利兹和维克多邀请了我。他们多一张大剧院《天鹅湖》的票。

周日做什么我还没有想好。可能应该给奥莉加打电话?我们吵架了,已经五天了,我不知道该怎么跟她和好。如果邀请她去某个地方怎么样?据说,现在特列季亚科夫画廊正有一个新的展览会。也许,当我们将一起看画的时候,我们将会忘记我们愚蠢的吵架。

我害怕,如果我们不和好,我将不得不孤独地迎接新年。

☞ Текст 177
Как при́нято в России поздравля́ть с праздниками

— Таня, расскажи, пожалуйста, как принято поздравлять в России с праздниками.

— Это зависит от того, кого вы поздравляете. Если друзей, то принято говорить или писать: «Поздравляю с праздником» или «Поздравляю с днём рождения». А потом идут пожелания: «Желаю счастья, здоровья, успехов...» Если вы поздравляете людей старшего возраста или людей не очень хорошо вам знакомых, или ваших старших коллег, или вашего начальника, то более правильным и вежливым будет сказать или написать: «Разрешите вас поздравить...» и «Разрешите вам пожелать...» Это официальный стиль поздравления.

Обрати внимание: русские любят длинные поздравления и пожелания. Раньше в России обязательным было письменное поздравление. Покупали и писали специальные открытки «С праздником!», «С днём рождения!», «Поздравляю!», «С днём свадьбы!», «С Новым годом!»... Сейчас можно купить ещё больше красивых разнообразных открыток. Очень большой их выбор везде: в магазинах, киосках. Есть даже открытки «Любимой маме», «Любимой дочке»...

Но меняется время, и эта традиция уходит. У молодых людей сейчас принято поздравлять через Интернет или послать поздравление по мобильному телефону. Но всё-таки, конечно, приятнее получить поздравление на открытке. Сейчас продаются открытки с уже готовыми поздравлениями, часто в стихах. Это очень удобно и многим нравится. Но можно и самому написать открытку.

Обращение в поздравлении тоже может быть разным. Ты можешь написать другу «Дорогой...», девушке — «Милая, дорогая...», но коллеге или начальнику — только «Уважаемый...».

— Спасибо, ты мне очень помогла. Теперь я куплю открытки.

 Ответьте на вопросы.

1. Как принято поздравлять с праздниками в России?

2. Как обычно поздравляют друзей?

3. Как принято поздравлять официально?

4. Как раньше в России поздравляли с праздниками: письменно или устно?

5. А сейчас эта традиция сохраняется?

6. Какие открытки можно купить к праздникам?

参考译文

在俄罗斯通常怎样祝贺节日

——塔尼娅，请讲述一下，在俄罗斯通常怎样祝贺节日。

——这取决于您要祝贺谁。如果是祝贺朋友，通常说或者写："祝你节日快乐"或者"祝你生日快乐"。然后是祝愿："祝你幸福、健康、取得成就……"如果您是祝贺年长的人或者您不是很熟悉的人，或者是您的同事，或者是您的领导，那么比较正确且礼貌的方式是："请允许我祝贺您……"或者"请允许我祝愿您……"这是表示祝贺的正式方式。

请注意：俄罗斯人喜欢长长的祝贺和祝愿。过去在俄罗斯必须是书面的祝贺。要买专门的贺卡，要在上面写上"节日快乐！"，"生日快乐！"，"祝贺您！"，"新婚快乐！"，"新年快乐！"……现在可以买到更漂亮的各种各样的贺卡。到处都有很多各种各样的贺卡：在商店，在报亭。甚至有这样的贺卡"赠亲爱的妈妈"，"赠亲爱的女儿"……

但时代在变化，这一传统已经过时了。年轻人通常通过网络或手机表示祝贺。但还是收到贺卡上的祝贺更高兴。现在卖的贺卡上面已经写好了祝贺词，经常是诗歌。这很方便，而且很多人都喜欢。但还可以自己写贺卡。

祝贺词中的称呼也是各种各样的。你可以给朋友写"亲爱的……"，给女孩儿写"可爱的，亲爱的——"，但给同事和领导只能写"尊敬的……"。

——谢谢，你帮了我很大的忙。现在我要去买贺卡。

Текст 178
Моё увлечение — живопись

Меня зовут Иван Сергеевич. Я врач и работаю в больнице. Но моё увлечение — живопись. С детства я много и хорошо рисовал и хотел стать художником. Ещё я очень хотел помогать людям и решил стать врачом. Но увлечение живописью осталось на всю жизнь.

В свободное время я часто рисую. Рисую людей, природу, цветы, рисую для себя, для других. Мне просто нравится сам процесс, я люблю рисовать. Я как бы перемещаюсь в другой мир, мир прекрасного. Когда я рисую, я отдыхаю. И когда картина готова, мне хочется начать другую. Конечно, дома у меня много книг по искусству, альбомов, много репродукций картин известных художников. Я часто посещаю выставки художников. Но больше всего я люблю ходить в Третьяковскую галерею и в Пушкинский музей. В Третьяковской галерее я могу провести весь день, могу очень долго стоять перед картиной и смотреть на неё.

— А у вас есть любимый художник?
— У меня много любимых художников. Мне нравится итальянская живопись и особенно Леона́рдо да Ви́нчи. Мне нравится русская живопись и особенно Перо́в. В Третьяковской галерее целый зал картин Перова. Очень нравятся русские пейзажи и их лучший мастер Левитан. Но о художниках я могу говорить бесконечно.

— А современные художники вам нравятся?
— Конечно, и среди современных художников есть интересные. Но я больше люблю классику, хотя мне нравятся некоторые работы Глазуно́ва, Ши́лова. Сейчас в Москве галереи картин этих художников, они их подарили городу. Советую вам посмотреть, чтобы лучше познакомиться с русской живописью.

— А аванга́рд вам нравится?
— Нет, авангард мне совсем не нравится, я не понимаю его и не хочу понимать. Мне нравится традиционная живопись.

 Ответьте на вопросы.

1. Кто Иван Сергеевич по профессии и где он работает?
2. Какое у него увлечение?
3. Почему он решил стать врачом?
4. Что он рисует в свободное время?
5. Куда он больше всего любит ходить?
6. Кто его любимый художник?
7. Ему нравятся современные художники?

8. Какую живопись он любит больше?
9. Какие галереи есть в Москве?
10. А авангард нравится Ивану Сергеевичу?

参考译文

我的爱好——写生画

我叫伊万·谢尔盖耶维奇。我是一名医生，在医院工作。但我的爱好是写生画。我从小就经常画画，而且画得很好，想要成为一名画家。我还很想帮助别人，并决定成为一名医生。但对写生画的酷爱却是毕生的爱好。

在闲暇时间我经常画画。我画人物、大自然、鲜花，为自己画，为别人画。我只是喜欢这个过程本身，我喜欢绘画。我好像转到了另外一个世界，一个美好的世界。当我画画时，我在休息。当一幅画作完成时，我就想开始画另一幅。

当然，我家里有很多艺术书籍、画册，还有很多著名画家的绘画作品复制品。我经常参观画家展览会。但我最喜欢去特列季亚科夫画廊和普希金博物馆。在特列季亚科夫画廊我可以度过一天的时间，可以在一幅画前长久站立，欣赏画作。

— 您有最喜欢的画家吗？

— 我有很多喜欢的画家。我很喜欢意大利的写生画，特别喜欢达芬奇。我很喜欢俄罗斯写生画，特别喜欢佩罗夫。特列季亚科夫画廊中佩罗夫的画占有整整一个厅。我很喜欢俄罗斯的风景画和优秀风景画大师列维坦。但关于画家我可以无止境地说。

— 那您喜欢现代画家吗？

— 当然喜欢，在现代画家中有很多令我感兴趣的。但我更喜欢经典作品，虽然我也很喜欢格拉祖诺夫和希洛夫的一些作品。现在在莫斯科有这些画家作品的画廊，他们把这些画赠送给了自己的城市。建议您去看一下，这样可以更好地了解俄罗斯的写生画。

— 您喜欢先锋派吗？

— 不，先锋派我完全不喜欢，我不理解先锋派，也不想理解。我喜欢传统的写生画。

Текст 179
Моё главное увлечение — музыка

— Викто́рия, расскажи о своих увлечениях. Чем ты интересуешься? Что любишь?

— Моё главное увлечение — музыка. Я очень люблю музыку: и классическую, и современную, но больше классическую. Мой любимый композитор — Пётр Ильич Чайковский. Я могу слушать его музыку бесконечно. Мне нравятся все его произведения: и большие, и небольшие, и музыка к балетам и к операм. Моё самое любимое произведение — «Лебеди́ное озеро». Я смотрела этот балет в Большом театре много раз. И могу смотреть ещё и ещё.

Когда я приехала в Москву, сразу пришла к консерватории. Там стоит памятник Чайковскому, я положила цветы. В России я посмотрела фильм, который так и называется — «Чайковский». Замечательный фильм, я узнала о Чайковском много нового и интересного и, мне кажется, стала лучше понимать и чувствовать его музыку. Я читала много книг о его творчестве, статьи в журналах. Меня интересует о Чайковском всё! В моей комнате висит его портрет. И, конечно, у меня огромное количество дисков с его музыкой. Я думаю, что у меня есть все его произведения. Сначала я собирала пластинки, потом кассеты, а сейчас диски. Его музыку я могу слушать всегда и везде.

Конечно, я люблю музыку и других композиторов. Мне нравятся Моцарт, Вива́льди, Рахма́нинов... И в Москве я с удовольствием в выходные дни хожу в консерваторию или в филармо́нию. Там часто выступают и зарубежные артисты. Мне нравится сравнивать, как играют одно и то же произведение разные артисты.

— А современная музыка тебе нравится?

— Не всё, но кое-что. Во-первых, нравится современная классическая музыка. Её не так много, но она есть. Во-вторых, иногда я слушаю выступления современных эстрадных певцов. Но мне нравятся певцы, которые поют хорошие песни с хорошей музыкой и с хорошими стихами.

— А тебе нравятся новые стили в музыке: диско, рок, рэп?

— Не очень, хотя иногда я с удовольствием слушаю талантливые композиции. Ведь талантливое произведение можно создать не только в классическом стиле, но и в современном. Работать с музыкой всегда интересно.

Ответьте на вопросы.

1. Какое главное увлечение Виктории?
2. Какую музыку больше любит Виктория?
3. Кто её любимый композитор?
4. Какие произведения Чайковского ей нравятся?
5. Где находится памятник Чайковскому?
6. Какой фильм посмотрела Виктория?
7. У неё есть диски с музыкой Чайковского?
8. Куда в выходные дни ходит Виктория?
9. А современная музыка ей нравится?
10. Ей нравятся новые стили в музыке?

参考译文

我的主要爱好

——维多利亚,请讲一讲你的爱好。你对什么感兴趣?喜欢什么?

——我的主要爱好是音乐。我很喜欢音乐:不管是古典音乐还是现代音乐,但最喜欢古典音乐。我喜欢的作曲家是柴可夫斯基。我可以无止境地听他的音乐。他的所有作品我都喜欢:大型作品、小型作品、芭蕾舞和歌剧音乐。我最喜欢的作品是《天鹅湖》。我在大剧院看过好多次这个芭蕾舞。还可以再看。

当我来到莫斯科,我立刻来到音乐学院前。那儿座落着柴可夫斯基的纪念碑,我在纪念碑前献了鲜花。在俄罗斯我看了一部电影,电影名叫《柴可夫斯基》。这是一部非常好的电影,我了解到了很多关于柴可夫斯基的新而有趣的事情,而且我认为,我开始更好的理解和感受他的音乐了。我读了很多关于他的创作的书以及杂志上的文章。我对柴可夫斯基的一切都感兴趣!在我的房间挂着他的画像。当然,我有大量他的音乐光盘。我认为,我有他所有的作品。刚开始我收集唱片,然后是磁带,而现在是光盘。我可以随时随地听他的音乐。

当然,我也喜欢其他作曲家的音乐。我喜欢莫扎特、维伐尔第、拉赫曼尼诺夫……而且在莫斯科闲暇时我很喜欢去音乐学院或者音乐厅。那儿还经常有外国演员表演。我喜欢对比,不同演员是如何表演同一作品的。

— 你喜欢现代音乐吗?

— 不是都喜欢,但喜欢一部分。首先,我很喜欢现代经典音乐。虽然这一部分音乐很少,但确实有。其次,有时我也听当代舞台歌手的演唱。但我喜欢那些唱好听歌曲的歌手,这些歌曲有好的音乐和好的歌词。

— 那你喜欢新的音乐形式吗:迪斯科、摇滚、说唱音乐?

— 并不是特别喜欢,虽然我有时也会听很有天赋的乐曲。要知道天才的作品不是只在古典风格中可以创作出来,在现代风格中也可以。与音乐打交道总是那么有意思。

☞ Текст 180
Питаться нужно правильно

Сегодня утром Марина встала и почувствовала себя плохо: у неё болел живот, голова... Ей очень не хотелось идти к врачу, но живот не проходил, ей стало даже хуже.

Марина пришла к врачу, и он сразу спросил: «Что случилось? Что у вас болит?» Марина ответила: «Доктор, я очень плохо себя чувствую. У меня болит живот. Наверное, я съела что-то несвежее». — А что вы ели вчера? — Я ела сыр, колбасу, сосиски, мясо, рыбу, шоколад, конфеты, мороженое... Пилá молоко, чай, кофе. — Вы каждый день так едите? — Да, потому что я очень часто устаю и у меня часто плохое настроение. И мне всё время хочется съесть что-нибудь вкусное. — Но это неправильное сочетание продуктов. И нельзя проблемы настроения решать с помощью неправильного питания. Питаться нужно правильно, тогда и настроение ваше улýчшится, и уставать будете меньше. Вам нужна диéта. Во-первых, утром нужно обязательно есть кашу. — Но я не люблю кашу. — Но вы же не ребёнок. Нужно значит нужно. И утром чай или кофе. Во-вторых, в обед обязательно суп. — Но я не люблю суп. — Опять? Вам нужно обязательно есть суп. И что-нибудь на второе: мясо, рыбу или курицу. Понятно? А на ужин — что-нибудь лёгкое: картофельное пюре́, овощи или что-нибудь молочное: тво́рог, кефир, смета́ну. И пока никакого шоколада и конфет. — Я не могу без шокола́да. — Опять? Нужно серьёзно относиться к своему здоровью. Дава́йте будем правильно питаться, а потом посмотрим — если всё бу́дет в порядке, можно будет немного шоколада. Если нет, может быть, я выпишу вам более строгую диету. Договорились? — Договори́лись, — со вздо́хом сказала Марина и вышла из кабинета врача.

Ей было очень грустно. «Есть кашу? — Брр... — Суп? — Брр... Кефир я тоже не люблю. Всё это ужас. Вот это неправильное питание. Я не хочу так жить», — подумала Марина. Ей стало ещё грустне́е, и она чуть не заплакала. Тогда она достала из сумочки своё любимое «лекарство» и с удовольствием съела пли́тку шоколада. Ей стало легче.

Отве́тьте на вопросы.

1. Что болело утром у Марины?
2. Что спросил у Марины врач?
3. Что ему ответила Марина?
4. Что Марина ест каждый день и почему?
5. Что сказал ей врач о питании?
6. Какую диету он выписал Марине?
7. Почему Марине не понравилась диета?
8. Почему ей стало грустно?
9. Отчего ей стало легче?

要正确饮食

今天早晨马琳娜起床后感到不舒服:她肚子痛,头痛……。她很不想去看医生,但是肚子一直疼痛,她感到越来越难受。

马琳娜来看医生,医生马上问:"怎么了?您哪儿痛?"马琳娜回答: "医生,我感觉很不好。我肚子痛。大概我吃了什么不新鲜的东西。" ——您昨天吃了什么? ——我吃了奶酪、香肠、小灌肠、肉、鱼、巧克力、糖果、冰淇淋……喝了牛奶、茶、咖啡。——您每天都这样饮食吗? ——是的,因为我常常疲劳,并且情绪也经常不好。而且我一直想吃些可口的东西。——但这不是正确的饮食搭配。也不可以借助于不正确的饮食来解决情绪问题。要正确地饮食,那么您的情绪也会改善,疲劳也会减轻一些。您需要按规定的食谱饮食。首先,早晨一定要喝粥。——但我不喜欢粥。——您又不是小孩子。需要就是需要。早晨还要喝茶或咖啡。第二,午饭时,一定要要汤。——但我不喜欢汤。——又来了?您必须要喝汤。还要吃苦耐劳一些第二道菜:肉、鱼或者鸡。明白吗?而晚餐吃些清淡的饮食:土豆泥、蔬菜或是奶制品:奶渣、酸牛奶和酸奶油。暂时不要吃任何巧克力和糖果。——我不能不吃巧克力。——又来了?要认真对待自己的健康。让我们正确饮食,然后我们看看——如果要是一切正常,还可以少吃点巧克力。如果不正常,可能我会给你定出更加严格的节食。我们就这么说定啦?——就这么定了。——马琳娜深深叹了口气,走出了医生办公室。

她感到很郁闷。"喝粥?— 呸……——喝汤?—— 呸……酸牛奶我也不喜欢。这太可怕了!这才是不正确的饮食。我不想这样生活",——马琳娜想了想。她变得更加郁闷,差点儿没哭起来。于是,他从包里掏出自己喜欢的"药",心满意足地吃了一片巧克力,她感到轻松些了。

☞ Текст 181
У нас только правда

Утром я всегда покупаю газеты. И сегодня тоже я купила две свежие газеты. Я читала их в метро, когда ехала на работу. Сначала я читала газету «Звёздные новости». Вот что я прочитала.

Газета «Звёздные новости»

Актёр Фёдор Петров женится! Свадьба сегодня в ресторане «Годунов». На свадьбе будут все звёзды шоу-бизнеса, известные актёры, певцы и бизнесмены. Будущая жена Фёдора, популярная певица Суперстар, получит в подарок бриллиантовое кольцо. Как сообщил наш специальный корреспондент, оно стоит три миллиона долларов.

* * *

Известный певец Николай Сидоров серьёзно заболел. Сейчас он находится в больнице. Врачи говорят, что у него высокая температура: 42 градуса! Это грипп или опасная инфекция? Вы узнаете это завтра. Читайте нашу газету!

* * *

Погода. Завтра в Москве минус 20. Сильный северный ветер. Снега не будет.

Когда я прочитала газету «Звёздные новости», я начала читать газету «Бульварные новости». Вот что я прочитала.

Газета «Бульварные новости»

Актёр Фёдор Петров разво́дится! Его бывшая жена популярная певица Суперстар сказала, что их дети будут жить с ней. Фёдор не согласен. Он сказал в интервью нашему специальному корреспонденту, что Суперстар — очень плохая мать.

* * *

Известный певец Николай Сидоров отдыхает в Таила́нде. Он конфиденциа́льно сообщил только нашему корреспонденту, что не планировал отдыхать, но его невеста, популярная певица Суперстар, очень хотела отдохнуть на берегу моря, вдали от репортёров и папара́цци.

* * *

Погода. Завтра в Москве плюс два градуса. Ветра не будет. Сильный снег.

 Ответьте на вопросы.

1. Какие газеты купила сегодня автор?
2. Что мы узнали из газеты «Звёздные новости»?
3. А что мы узнали из газеты «Бульварные новости»?
4. Вам нравятся эти газеты?

我们只要真相

早上我总是买报纸。今天我也买了两份新报纸。我去上班时,在地铁读报纸。首先我读《明星新闻》报。下面是我读到的。

《明星新闻》报

演员费奥多尔·彼得罗夫要结婚了!婚礼于今天在《戈杜诺夫》饭店举行。所有娱乐明星,著名演员、歌手和商人都将出席婚礼。他未来的妻子费奥多拉,一位超级流行歌手,将收到钻戒作为礼物。据我们的特约记者报导,钻戒价值300万美元。

* * *

著名的歌手尼古拉·西多罗夫病重。目前他在住院。医生们说,他现在发高烧:42度！这是流感或是危险的传染病吗？明天您将知晓结果。请读我们的报纸！

*　*　*

天气预报。明天莫斯科零下20度。强北风。无雪。

当我读完《明星新闻》报我开始读《小报新闻》。下面是我读到的。

《小报新闻》

演员费奥多尔·彼得罗夫要离婚了！他的前妻超级流行歌手说,他们的孩子将与她住在起。费奥多尔不同意。他在接受我报特约记者采访时说,这位超级明星不是一位好母亲。

*　*　*

著名歌手尼古拉·西多罗夫在泰国休假。他只秘密告诉我报记者,他并不想去度假,但是他的未婚妻,超级流行歌手,非常想在远离采访记者和狗仔队的海边度假。

*　*　*

天气预报。明天莫斯科零上2度。无风。有大雪。

☞ **Текст 182**

Диалог для практики

Я студентка, учусь в университете. Я из Америки. Сейчас я изучаю только русский язык, а в следующем году буду учиться на факультете журналистики. Хочу стать журналисткой. Я интересуюсь русской историей, литературой. Сейчас я много занимаюсь русским языком, но у меня очень мало практики. Поэтому я решила больше говорить на улице, в магазине, в кафе. Я решила покупать продукты не в супермаркете, а в магазине «Продукты». Там я часто покупаю даже продукты, которые мне не нужны. Всё для практики. Я говорю, например:

— Дайте, пожалуйста, лук. Один килограмм.

— Пожалуйста.

— Это лук? Извините, я хотела вот это!

— Это перец, а не лук.

— Как? «Переч»?

— Нет, «пе-рец», «Ц» в конце слова.

— А-а! Понимаю. Спасибо. «Пе-рец-ц». Лук я возьму, и перец тоже. А это как называется?
— Это огурец. Если много — «огурцы». Возьмёте?
— Да-да! Один, пожалуйста!
— Килограмм или штуку?
— Как вы сказали? «Штуку»?
— Да, «одна штука». «Дайте одну штуку».
— А две?
— «Две штуки».
— А три?
— «Три штуки».
— Можно пять?
— Пожалуйста, вот пять штук.
— Почему «штук»?
— Потому что пять. «Две штуки, а пять — штук».
— Дайте, пожалуйста. Всё. Спасибо большое.
— До свидания!

Сейчас у меня так много продуктов! Завтра я хочу пойти в магазин «Одежда», но сначала надо пойти в банк, надо взять побольше денег.

 Ответьте на вопросы.

1. Откуда приехала девушка?
2. Где она учится? Что она изучает?
3. Кем она хочет стать?
4. Чем она интересуется?
5. Почему она не покупает продукты в супермаркете?
6. Какие слова она выучила в магазине?
7. Почему так изменялось слово «штука»?
8. Куда она хочет пойти завтра?
9. Почему сначала ей надо пойти в банк?
10. Как вы думаете, она будет хорошей журналисткой?

会话实践

我是大学生,在大学学习。我来自美国。现在我只学习俄语,明年我将进入新闻系学习。想要成为一名记者。我对俄罗斯历史和文学很感兴趣。现在我学习俄语很用功,但是我很少有机会实践。所以我决定在大街上,在商店和咖啡厅多说俄语。我决定不在超市买食品,而是去《食品》店。在那儿我甚至经常买一些我不需要的食品。这所有的一切都是为了实践,比如我说:

— 请给我拿葱。我要一公斤。
— 给您。
— 这是葱吗? 对不起,我想要的是这个!
— 这是辣椒,不是葱。
— 什么?《Переч》?
— 不是,是辣椒,词尾是《Ц》。
— 啊! 明白了。谢谢。辣－椒。我买葱,也买辣椒。而这个叫什么?
— 这是黄瓜。如果很多,就用黄瓜的复数。买吗?
— 是的,是的! 要一个!
— 要一公斤还是一个?
— 您说什么? 一个?
— 是的,一个。《给我一个》。
— 那两个呢?
— 两个用《штуки》。
— 三个呢?
— 三个用《штуки》。
— 可以五个吗?
— 好的,这是五个?
— 为什么5个用《штук》?
— 因为是5。《2个用《штуки》,5个用《штук》》。
— 请把所有这些都给我,多谢。
— 再见!

现在我有这第多食品啦! 明天我想去服装商场,但应该先去银行,应该带更多的钱。

✍ Текст 183
Закажите столик в ресторане

Несколько месяцев назад я приехал в Россию из Италии. У меня командировка на три года. В моей компании есть одна русская девушка, Марина. Она мне очень нравится. И вот я решил пригласить её в ресторан. Я хотел заказать столик заранее. Позвонил в один хороший ресторан, но администратор говорила только по-русски.

Тогда я начал изучать русский язык. Через месяц я выучил наизусть диалог «Закажите столик в ресторане». Это было очень трудно, особенно слова «столик на двоих» и «зал для некурящих». Последнее было очень важно, потому что Марина не любит за́пах сигарет, у неё аллерги́я. Я позвонил в ресторан и сказал:

— Здравствуйте! (Уф! Какое длинное и трудное слово!)
— Здравствуйте! — ответила администратор.
— Можно заказать столик на двоих?
— Да, конечно. На какое число?
— На первое марта. На вечер, часов в восемь.
— Хорошо. Ваша фамилия?
— Ма́сей. Ма́рио Масей.
— Пожалуйста, ваш телефон.
— 324-70-55. Девушка! Очень важно: мне нужен столик в зале для некурящих!
— Хорошо, не беспокойтесь. Я пишу: «Зал для некурящих».
— Спасибо. До свидания! (тоже трудное слово)
— До свидания!
— Минутку, девушка! Вы написали «зал для некурящих»?
— Да! Я же сказала: «Не беспокойтесь!». Главное для нашего ресторана — клиент!

И вот мы пришли в ресторан.
— Здравствуйте! Я заказывал столик. Моя фамилия Масей.
— Здравствуйте! Проходите, пожалуйста!
— Спасибо!
— Вот ваш столик. Садитесь, пожалуйста!
— Спасибо! Но... здесь ку́рят! Это зал для курящих?
— Да. Извините, в зале для некурящих сейчас нет мест.
— Но я заказывал... Я клиент... Клиент всегда прав...
— Извините, не могу вам помочь. У нас очень маленький зал для некурящих.

Конечно, мы ушли из ресторана. Но это было даже хорошо!

Потому что мы пошли ко мне домой, и я приготовил настоящие итальянские спагетти. Марине очень понравилось, как я готовлю. А в ресторан пойдём в следующий раз. Но в другой!

Ответьте на вопросы.

1. Откуда приехал Марио?
2. Где он работает?
3. Где работает Марина?
4. Почему Марио начал изучать русский язык?
5. Какой диалог он выучил наизусть?
6. Почему Марио заказал столик в зале для некурящих?
7. Почему они ушли из ресторана?
8. Как вы думаете, это хороший ресторан?

参考译文

请在饭店订餐位

几个月前我从意大利来到俄罗斯。我来这儿出差三年。我的公司有一位俄罗斯姑娘玛琳娜。我很喜欢她。所以我决定邀请她去饭店。我想提前订座。我往一个很好的饭店打电话,但负责人只说俄语。

那时我开始学俄语。一个月之后我学会了对话《请在饭店订座》。这很难,特别是《两人座》和《无烟大厅》这些词。后者很重要,因为玛琳娜不喜欢烟的味道,她对烟过敏。我往饭店打电话说:
— 你好!(哦! 好长好难的一个词!)
— 你好! ——负责人说。
— 能订一个两人座吗?
— 当然可以! 订几号的?
— 三月一号。晚上八点左右。
— 好的。您贵姓?
— 马谢。马里奥·马谢。
— 请说您的电话。
— 324-70-55. 姑娘! 非常重要的一点:我需要无烟大厅的座位。
— 好的,不用担心。我写上:《无烟大厅》。
— 谢谢。再见!(也是很难的一个词)
— 再见!

— 稍等一下,姑娘！您写下《无烟大厅》了吗?
— 是的！我已经说了《不用担心！》。对我们饭店来说重要的就是客户。

我们这就来到了饭店。

— 你好！我预定了餐位。我姓马谢。
— 你好！请进！
— 谢谢！
— 这就是您的餐位,请坐！
— 谢谢！但是……这儿有人吸烟！这是吸烟大厅吗?
— 是的,很抱歉,无烟大厅现在没有位置。
— 但我订过了……我是客户……客户永远是对的...
— 对不起,我不能帮您,我们的无烟厅很小。

当然我们离开了这家饭店。但这甚至是件好事！因为我们一起去了我家,我为她做了真正的意大利面。玛琳娜很喜欢我做的饭。下一次我们再去饭店,当然是另外一家饭店。

☞ Текст 184
Как ты обычно проводишь своё свободное время

— София, расскажи, как ты обычно проводишь своё свободное время?

— В Москве я провожу его очень интересно, полезно и весело. В обычные дни мы с друзьями после занятий ходим в кино, в театры, на выставки, в музеи. Я уже была и в Большом театре, и в Малом, и в театре «Современник».

— А ты всё понимаешь, когда говорят в театре?

— Конечно, не всё. Но очень полезно знакомиться с русской культурой, слушать русскую речь. Я иногда даже записываю незнакомые слова, а потом дома смотрю их в словаре.

Я уже была несколько раз в Третьяковской галерее и в Пушкинском музее. Они такие большие, что сразу всё посмотреть невозможно. Ещё я была в Историческом музее, в Политехническом музее...

В выходные дни я стараюсь ездить на экскурсии. Я ездила на экскурсию в Суздаль, это старинный русский город, было очень интересно. Была в Сергиевом Посаде. Там я узнала много нового и интересного о России и о русских. Мне кажется, что после этих экскурсий я стала лучше понимать Россию.

А в прошлое воскресенье мы с русскими друзьями ездили за город. Купались, загорали, играли... Было очень весело. Рядом был лес, очень красивая русская природа — лес и река. В лесу было тихо и прохладно. Мы даже собирали грибы и ягоды, и я узнала много новых слов. Вечером вернулись в Москву очень довольные. Из грибов сделали суп, а из ягод — компот. Было очень вкусно и натурально.

Иногда я хожу в гости. Недавно меня пригласила в гости Наташа. Это моя русская подруга. Она прекрасно играет на пианино и прекрасно поёт. Были и её мама и папа. Они рассказали много интересного о России. И опять я узнала много новых слов.

Ещё нам было интересно, как в России отдыхают молодые люди. И мы ходили на дискотеки, в кафе, в ночные клубы и увидели, что ваша молодёжь так же танцует, поёт, встречается друг с другом, как и у нас в Италии.

Иногда я устаю от такого активного отдыха и тогда просто лежу целый день на диване, читаю, слушаю музыку, смотрю телевизор. Иногда просто смотрю в окно. Это тоже интересно! Я люблю смотреть в окно на людей и придумывать о них какие-нибудь истории: кто они по профессии, где работают, с кем живут, какой у них характер, куда или откуда они идут...

Может быть, когда-нибудь я напишу книгу о том, как я жила и училась в России.

 Ответьте на вопросы.

1. Как проводит свободное время София?
2. Она понимает, когда говорят в театре?
3. Где уже была София?
4. Куда она ездила на экскурсии?
5. Куда она ездила с русскими друзьями в воскресенье?
6. К кому она недавно ходила в гости?
7. Что было интересно Софии?
8. Как она отдыхает дома?

参考译文

你通常是怎样度过闲暇时间的

— 索菲亚,请问,你通常是怎样度过闲暇时间的?

— 在莫斯科我过得很有意思,很有益且很快乐。在平日里我和朋友们下了课之后去电影院,去剧院,去看展览会,去博物馆。我已经去过大剧院,小剧院和《当代人》剧院。

— 那剧院里说的话你都能懂吗?

— 当然不是全都懂。但熟悉一下俄罗斯文化,听一下俄语是很有好处的。有时候我甚至记下生词,然后回到家查字典。

我去过特列季亚科夫画廊和普希金博物馆好几次了。这两个地方太大了,以至于不可能一下就看完。我还去过历史博物馆、工业博物馆……

在休息日我力争去旅游。我去过苏兹达尔,这是俄罗斯一个很古老的城市,非常有意思。我还去过谢尔吉耶夫波萨德。在那儿我了解到了很多关于俄罗斯和俄罗斯人的新鲜而有趣的事情。我认为,经历过这些游历之后我开始对俄罗斯有更好的理解了。

上周日我和俄罗斯朋友一起去了郊外。游泳、晒太阳、玩……非常快乐。旁边是森林,非常漂亮的俄罗斯自然风景——森林和河流。森林里安静且凉爽。我们采了蘑菇和野果,我知道了很多新单词。晚上非常满意地回到了莫斯科。我们用蘑菇做了汤,用野果做了糖煮水果。非常好吃而且都是天然的。

有时候我去做客。不久前娜塔莎邀请我去做客。她是我的俄罗斯朋友。她的钢琴弹得非常好,而且她唱歌很好。她的爸爸妈妈也在。他们给我讲了很多关于俄罗斯的有趣事情。我又知道了很多新单词。

我们感兴趣的还有,在俄罗斯年轻人是怎样休息的。于是我们去了舞厅、咖啡馆、夜店,看到了你们的年轻人像我们意大利的年轻人一样跳舞、唱歌、与朋友会面。

有时候我对于那种积极的休息感到很累,那时我就整天躺在沙发上、看书、听音乐、看电视。有时候只是向窗外看。这也很有趣!我喜欢看窗外的人,喜欢编出关于他们的一些故事:他们是什么职业,在哪儿工作,和谁一起住,他们有什么样的性格,他们去哪儿或者从哪儿来……

可能,总有一天我会写出一本关于我在俄罗斯生活和学习的书。

Текст 185
Светлана

Сегодня мой обычный день. Утром я встал, как всегда, в 8 часов, сделал зарядку, почистил зубы, при́нял душ, побрился, причеса́лся... Всё это я делаю каждый день. И всё это скучно. Потом я позавтракал. На завтрак я съел бутерброды и выпил кофе. Кофе был невкусный и бутерброды тоже. Потом я вышел на улицу. Был серый осенний день, дул ветер, солнца не было... Холодно и грустно. Люди, как обычно, шли к метро, стояли на остановке, ждали автобус или троллейбус. Я тоже пошёл в метро. Доехал до университета. Было 9 часов.

В девять началась первая лекция, потом вторая... Всё было, как всегда, скучно и неинтересно. После обеда ещё лекция и семинар. Потом нужно идти в библиотеку, всё скучно...

Вечером, как обычно, я ехал домой и увидел в метро девушку. Она была такая красивая, светлая... так приятно было смотреть на неё. Я смотрел и смотрел... Потом подошёл к ней и сказал: «Девушка, извините, можно с вами познакомиться? Меня зовут Юра, я студент, учусь в МГУ». Я очень боялся, что она мне не ответит, не будет говорить со мной. Но девушка внимательно посмотрела на меня и спросила: «Юра, почему вы такой грустный?» — Потому что всё серое, всё скучно, и жизнь серая и скучная. — Это неправда, жизнь прекрасна, надо любить жизнь и радоваться всему. — А как вас зовут? — Светлана, можно Света. — Вот почему вы такая светлая! У вас такое красивое имя!

Мы ехали и разговаривали ещё долго. Потом вышли из метро, я проводил Свету домой. Мы договорились встретиться завтра вечером. Когда я приехал домой, было уже поздно. Всю ночь я не спал, думал о Свете.

Утром всё изменилось. Я с удовольствием встал, оделся, умылся. Кофе был очень вкусный. И бутерброды тоже. Я вышел на улицу... Какие красивые серые облака́, какой приятный ветер! И дождь приятный! Какой прекрасный день! Сегодня я увижу Свету!

Как всегда, в 9 часов началась первая лекция. Сегодня она была очень интересная и нескучная. И вторая лекция тоже. И вообще все занятия мне нравились. Сегодня я увижу Свету.

Мы встретились у метро в 19 часов. Света увидела меня и сказала: «Я не узнала тебя, ты так изменился. Сегодня ты совсем другой, не грустный». — «Конечно, потому что я весь день думал о том, что увижу тебя», — подумал я, но не решился сказать ей это.

 Ответьте на вопросы.

1. Что делает Юра каждый день утром?
2. Что он ел на завтрак?
3. Во сколько начинается первая лекция?
4. Что делает Юра после обеда?
5. Почему он говорит, что всё это скучно?
6. Кого он увидел вечером в метро?
7. Что сказала ему Света?
8. Когда они договорились встретиться?
9. Что ему сказала Света, когда увидела его?
10. Что не решился сказать ей Юра?

斯韦特兰娜

今天是我很平常的一天。早上我像往常一样8点起床、做完早操、刷牙、洗淋浴、刮胡子、梳头发……所有这些我每天早上都要做。这一切都很无聊。然后我吃早餐。我吃了（夹火腿的）面包片，喝了咖啡。咖啡不好喝，面包片也不好吃。然后我走出家门。今天阴暗的秋日，刮着风，没有阳光……又冷又让人忧郁。人们像平常一样去坐地铁，在站台站着等公共汽车或无轨电车。我也去坐地铁。我到了学校。当时已经9点了。

9点开始第一节课，然后第二节……一切都像往常一样枯燥无趣。午饭后还有一节课和一节课堂讨论课。然后需要去图书馆，一切都很无聊……

晚上像往常一样我坐车回家，在地铁上我看到了一位姑娘。她是那样漂亮，那样光彩照人……看着她是那么令人愉快。我看着看着……然后走到她跟前说："姑娘，请问，可以与您认识一下吗？我叫尤拉，我是大学生,在莫斯科大学学习》。我很害怕她不回答我,不同我说话。但姑娘认真地看着我问道:《尤拉,你为什么那么忧郁?"——因为一切都是灰暗的,一切都很无聊,生活也是灰暗和无聊的。——这是不正确的,生活是美好的,应该热爱生活,为周围的一切而感到高兴。——您叫什么名字?——斯韦特兰娜,可以叫我斯韦塔。——这就是你为什么看起来那么光彩照人的原因。您有一个这么美丽的名字!

我们乘地铁聊了好久。然后我们走出地铁,我送斯韦塔到家。我们商定好明天晚上见面。当我回到家的时候,已经很晚了。一整夜我都没有睡觉,一直在想着斯韦塔。

早上一切都变了。我很高兴地起床了,穿好衣服,洗漱完。咖啡很好喝。面包片也很好吃。我走出家门……多么漂亮的灰色云彩啊,多么惬意的风啊! 雨也很舒服! 多么美好的一天! 今天我将见到斯韦塔!

像往常一样第一节课9点开始。今天第一节课非常有意思、不枯燥。第二节可也是。总体来说所有的课我都很喜欢。今天我将见到斯韦塔!

我们于19点在地铁旁见面了。斯韦塔见到我说:"我都没有认出来你,你变了好多。今天的你完全是另外一个样子,一点都不忧郁"。——"当然,因为我今天一天都在想要跟你见面的事",——我这样想,但没有下决心对她说。

☞ Текст 186
Лилия! Лиля! Лилия!

Меня зовут Саша. Я учусь в университете на математическом факультете. У нас небольшая, но очень дружная группа. И очень интересная группа. В ней одиннадцать мальчиков и только одна девушка. Её зовут Лилия. Лиля мне очень нравится. И я люблю повторять её имя вслух: «Лилия! Лиля! Лилия!» Как тонко и необычно! Она очень красивая и очень хорошо учится, она талантливая. Но увы! Лиля нравится не только мне, но и всей группе. Все ухаживают за ней, приглашают в кино, в театр, объясняются в любви. Но Лиля ко всем относится одинаково хорошо и ни на кого не обращает особого внимания. Никто из нас ей не нравится.

И вот у Лили завтра день рождения. Она пригласила всех нас в гости. Конечно, все мы стали готовиться, покупать подарки, цветы.

Я очень долго думал, что подарить Лиле. Она такая необыкновенная... Диски — это бана́льно, книги — тоже. Хорошо бы духи. Но какие духи любит Лиля? Сейчас тысячи духов, какие выбрать... Я долго смотрел разные духи, ню́хал их, но выбрать ничего не смог. И я решил позвонить маме Лилии. «Здравствуйте, Людмила Ивановна. Это Саша». — «Здравствуй, Саша». Мама Лилии, конечно, знала нас всех. «Людмила Ивановна, извините, у меня очень делика́тный вопрос... Завтра у Лили день рождения, и я очень хочу купить ей духи. Но не знаю, какие духи она любит. Скажите мне, пожалуйста». — «Её любимые духи — «Клима́», это французские духи». — «Спасибо вам большое, Людмила Ивановна».

Ура! — сказал я себе и поехал в ГУМ. Купил эти духи. И стал думать о цветах. А какие цветы любит Лиля? Розы? Нет, это как-то обычно. Все любят розы. Гвозди́ки? Нет, это слишком торжественно. Может быть, лилии? Да, о цветах нужно думать самому, Людмилу Ивановну спрашивать уже неудобно. Наверное, это всё-таки лилии. Это оригинальные цветы, и у них тонкий аромат. Лилия — имя и лилия — цветок. Одно слово. Необычно.

На следующий день я купил цветы и поехал к Лиле. К сожалению, была небольшая пробка, и я немного опоздал. Все наши ребята уже были там. Лиля сама открыла дверь. — А вот и Саша! — Лиля, извини, я опоздал. — Ничего, ничего... я надеюсь, что, может быть, ты подаришь мне что-нибудь оригинальное. — Конечно, — гордо подумал я про себя и похолоде́л. В комнате на столе стояли десять коробочек «Клима» и десять букетов лилий. Увы! Я не был оригинальным, все наши ребята догадались позвонить маме Лили и узнать про духи. И все решили купить лилии. И теперь понятно, почему никто из нас не нравится Лиле.

 Ответьте на вопросы.

1. Какая группа была у Саши?
2. Как мальчики относились к Лиле и как она к ним?
3. Почему Лиля пригласила мальчиков в гости?
4. Что хотел ей купить Саша? Почему?
5. О чём Саша говорил с мамой Лили?
6. Какие духи он купил?

7. Какие цветы он решил купить Лиле? Почему?
8. Что сказала Лиля, когда Саша пришёл к ней?
9. Что Саша увидел на столике?
10. Как он понял, почему Лиле никто не нравится?

参考译文

利利娅！利利娅！利利娅！

我叫萨沙。我在大学数学系学习。我们班人不多，但很和睦。而且是很有意思的班级。我们班有11个男生，只有1个女生。她叫利利娅。我很喜欢利利娅。我也喜欢声重复她的名字："利利娅！利利娅！利利娅！"多么优雅和不寻常！她非常漂亮，学习也很好，她很有天赋。但是，唉！不只我喜欢利利娅，全班的男生都喜欢她。所有人都向她献殷勤，邀请她去电影院，去剧院，向她表白爱慕之情。但利利娅对所有人都一样好，而且没有特别关注任何人。她不喜欢我们当中任何人。

明天是利利娅的生日。她邀请了我们所有人去做客。当然，我们所有人开始准备，买礼物和花。我想了很长时间应该送给利利娅什么礼物。她是那么不寻常……光盘太俗了，书也太俗了。最好是香水。但利利娅喜欢什么样的香水呢？现在有数千种香水，应该选择哪种呢……我长时间地看各种香水，闻各种香水，但哪种也不能选择。于是我决定给利利娅的妈妈打电话。"您好，柳德米拉·伊万诺夫娜。我是萨沙"。——"你好，萨沙"。利利娅的妈妈当然认识我们所有人。"柳德米拉 伊万诺夫娜，对不起，我有一个微妙的问题……明天是利利娅的生日，我很想给她买香水。但我不知道她喜欢什么样的香水。请告诉我。"——"她喜欢的香水是《克利马》，这是法国香水"。——"非常感谢您，柳德米拉·伊万诺夫娜"。

太好了！——我对自己说，我去了国营百货商店。我买了这款香水。之后我开始考虑买什么花了。利利娅喜欢什么花呢？玫瑰？不，这有点儿普通。所有人都喜欢玫瑰。石竹？不，这太庄重了。可能是百合花吧？是的，应该自己想该买什么花，问柳德米拉·伊万诺夫娜不方便了。可能还是百合花。这是独特的花，而且很清香。利利娅这一名字与百合花是一个单词。这很独特。

第二天我买了花就去利利娅家了。很遗憾的是，遇到了不是很严重的堵车，但我还是迟到了一会儿。我们班所有的同学都已经到了。利利娅亲自给我开了门。—— 萨沙来了！——利利娅，不好意思，我来晚了。——没事，没事……我希望，你可能会送给我一个特别的礼物。——当然,——我自豪地在心里想,之后感到发冷了。房间的桌子上摆着10个《克利马》香水和10束百合花。唉!我并不是独特的,我们班所有同学都料想到给利利娅的妈妈打电话了,并知道了香水的事。所有人都决定买百合花。现在明白了,为什么利利娅不喜欢我们当中的任何人。

Текст 187
Как русские проводят своё свободное время

— Сергей, расскажи, как русские обычно проводят своё свободное время, что они любят делать в свободное время.

— Это зависит от человека. Каждый человек проводит своё свободное время по-своему. Но русские любят ходить в театры и в кино, посещать музеи и выставки, ходить и ездить на разные экскурсии.

Театр в России очень популярен. Почти во всех городах есть театры. В Москве их более ста. Все знают Большой театр. Но известны и другие театры. Это Малый театр — там всегда можно посмотреть русскую классику, МХАТ, Театр оперетты, Театр сатиры, «Современник» и другие. Есть детские театры.

Конечно, популярно посещение Третьяковской галереи, Пушкинского музея, различных выставок.

Ещё ты, наверное, заметил, что русские очень любят читать. Они читают везде: и дома, и в транспорте, и на улице. В Москве и в других городах много книжных магазинов, в которых можно купить почти любую книгу. У многих людей дома есть свои библиотеки.

Русские люди очень любят спорт: любят и заниматься спортом, и смотреть различные спортивные соревнования по телевизору или на стадионе. В России много спортивных объектов: спортивных комплексов, стадионов, клубов, секций, Дворцов спорта и так далее. Русские спортсмены известны во всём мире. Очень популярны теннис, футбол, хоккей, фигурное катание.

Летом многие люди любят отдыхать на природе за́ городом. Но и в городах есть места для отдыха. Есть большие парки, они называются парки культуры и отдыха. Там можно интересно и хорошо провести весь день: можно гулять, отдыхать, играть, можно поесть. Там есть различные аттракцио́ны для детей и взрослых.

В Москве популярное место отдыха — ВВЦ. ВВЦ — это Всероссийский выставочный центр. Это огромная территория. Там есть интересные выставочные павильоны, магазины и киоски, в которых можно купить всё: и одежду, и обувь, и продукты, и сувениры, и мебель, и книги... На ВВЦ проходят интересные выставки и я́рмарки. Например, Международная книжная выставка-ярмарка. Очень много людей посещают эту выставку и покупают там книги. Ещё на ВВЦ есть рестораны, кафе, ба́ры, можно что-нибудь поесть или выпить. Есть очень красивые фонтаны. Один из них называется «Дружба народов».

Русские дети, как и дети в других стра́нах, любят ходить в цирк. В Москве их два: старый и новый. Там всегда интересные программы.

В Москве есть зоопарк. Он находится почти в центре города. И дети, и взрослые с удовольствием посещают его.

Есть интересные экскурсии по Москве, Подмосковью, по России. Одна из них называется «Золотое кольцо России». Это поездка по небольшим старинным русским городам. Популярны экскурсии в Суздаль и в Се́ргиев Поса́д. Там всегда много туристов и из России, и из других стран.

В отпуск или в каникулы многие люди любят ездить на юг на море. В последние годы у русских очень популярен отдых за границей: в Турции, в Таила́нде, в Испании, в Италии...

И, конечно, любимое место отдыха у многих русских — это дача.

— А что такое дача?

— Дача — это небольшой домик, обычно недалеко от города, и земля около него (примерно 600 м^2). Летом многие живут на дачах. Но есть и большие тёплые дачи, в которых можно жить зимой.

Ещё мы, как и люди в других странах, любим слушать музыку, ходить на концерты, смотреть телевизор, встречаться с друзьями, ходить в гости... Молодые люди любят ходить в кафе, ночны́е клубы, дискотеки...

Ответьте на вопросы.

1. Куда любят ходить и ездить русские?
2. Какие театры есть в Москве?
3. Русские любят читать?
4. Русские любят спорт?
5. Какие виды спорта популярны в России?
6. Где русские любят отдыхать летом?
7. Куда любят ходить русские дети?
8. Какая экскурсия называется «Золотое кольцо России»?
9. Куда многие люди любят ездить в отпуск или в каникулы?
10. Какое любимое место отдыха у русских?

俄罗斯人是怎样度过闲暇时间的

——谢尔盖，请讲述一下，俄罗斯人通常是怎样度过闲暇时间的，他们喜欢在空闲时间做什么。

——这取决于每个人。每个人度过闲暇时间的方式都不一样。但俄罗斯人喜欢去剧院和电影院，参观博物馆和展览会，步行及乘车去旅行。

戏剧在俄罗斯非常受欢迎。几乎所有城市都有剧院。莫斯科有100多个剧院。所有人都知道大剧院。但其他剧院也很有名。这是小剧院——在那里总可以看到俄罗斯经典之作，这是莫斯科高尔基模范艺术剧院、滑稽歌舞剧院、讽刺剧院、《当代人》剧院，以及其他剧院。还有儿童剧院。

当然，最流行的还是参观特列季亚科夫画廊、普希金博物馆，以及各种展览会。

你可能还会发现，俄罗斯人很喜欢读书。他们在任何地方都会读书：在家，在公共汽车上，在大街上。在莫斯科和其他城市有很多书店，在那里你几乎可以买到任何一本书。很多人在家都有自己的私人藏书。

俄罗斯人很喜欢体育运动：既喜欢从事运动，也喜欢在电视上或者在体育场上观看各种体育比赛。在俄罗斯有很多体育设施：体育场馆、体育场、体育俱乐部、体育协会、体育宫等等。俄罗斯的运动员在全世界都很有名。网球、足球、冰球和花样滑冰是非常流行的。

夏天很多人喜欢在郊外的大自然中休息。但城市里也有可以休息的地方。有大型公园，这些公园被称为文化休息公园。在那里可以很好、很有趣地度过全天：可以散步、休息、玩，可以吃一吃东西。那儿有为儿童和成人设置的各种娱乐设施。

在俄罗斯最流行的度假的地方是全俄展览中心。这是很大一片土地。那儿有有趣的展厅、商店和售货亭，在这里可以买到一切：衣服、鞋子、食品、纪念品、家具、书……在全俄展览中心经常举办有趣的展览会和洽谈会。比如：国际图书展览会。很多人来参观这个展览会，并且他们在那里买书。在全俄展览中心还有饭店、咖啡馆、酒吧，可以随便吃点或喝点什么。那儿有很漂亮的喷泉。其中一个喷泉叫《种族人民友谊》。

俄罗斯的儿童，像其他国家的儿童一样，喜欢去马戏团。莫斯科有两个马戏团：老马戏团和新马戏团。那儿总是有很有趣的节目。

莫斯科有一个动物园。动物园坐落在市中心。孩子和成年人都很喜欢去那儿。

在莫斯科、莫斯科郊外以及整个俄罗斯都能进行各种有趣的旅游。其中有一条旅游路线叫做《俄罗斯金环城市》。这是游览几个俄罗斯古老的小城。最受喜欢的是去苏兹达尔和谢尔吉耶夫波萨德。那儿经常有很多来自俄罗斯和其他国家的游客。

休假或假期很多人喜欢去南部沿海旅游。最近几年俄罗斯人很流行去国外度假：去土耳其、泰国、日本、意大利……

当然，很多俄罗斯人最喜欢的度假地方还是别墅。

——什么是别墅？

——别墅是一个不大的房子，通常离城市不远，附近有大约600平方米的土地。夏天很多人喜欢住在别墅。但也有很多又大又温暖的别墅，这些别墅可供冬天居住。

还有，我们就像其他国家的人一样，喜欢听歌、去听音乐会、看电视、跟朋友会面、去做客……年轻人喜欢去咖啡馆，夜店或者舞厅……

☞ Текст 188
Простые секреты доктора Углóва

Вы слышали о докторе Углове? О нём можно прочитать в книге рекордов Гиннеса. Он известный хирург, родился в Сибири в 1904 году и ещё работает! Работает хирургом уже 76 лет — к сожалению, обычно мужчины в России просто не живут так долго. Он был врачом на фронте во время Второй мировой войны. Он написал «Сердце хирурга», «Человеку мало века» и много других книг. Профессор говорит, что ещё в школе, когда другие мальчики хотели стать капитанами, пилóтами или офицерами, он всегда хотел быть только хирургом. Доктор Углов любит свою работу и своих пациентов. Он говорит, что если после разговора с врачом пациент не чувствует себя лучше, то врачу надо искать другую работу. За свою жизнь Фёдор Углов сделал около десяти тысяч операций! Иностранные коллеги были на его операции в клинике Первого медицинского института. Знаменитый хирург Де Бéйки, ещё одиннадцать американцев, датчáнин, индýс и канáдец аплодировали доктору после операции! И сейчас он делает операции, читает лекции студентам, пишет книги и регулярно даёт в газетах советы, как быть здоровым и долго жить. В клинике рассказывают такую историю: недавно одна пациентка, когда профессор рекомендовал ей больше ходить пешком, ответила: «Вам хорошо говорить, а мне уже 80 лет!» Она не знала, что энергичный доктор намного старше... В чём секрет доктора Углова? Вот как он сам отвечает на вопросы журналистов:

— Главное — не пить алкоголь и не курить. Алкоголь — это наркóтик. От алкоголя человек живёт на 20 – 25 лет меньше, от сигарет — на 7 – 9 лет. Даже если человек выпил немного, в его организме есть алкоголь, и он будет в абсолютной норме только через 20 дней.

— Говорят, что алкоголь помогает от стрéсса...

— У меня в жизни было много стрессов, я был на войне — и там не пил! Специальной диеты у меня нет, я ем три раза в день, но никогда не ем слишком много. После обеда я не отдыхаю: от чего, скажите, отдыхать? Я всегда могу работать: голова у меня свежая...

— Сколько часов в день вы работаете? Сколько спите?

— Работаю весь день. Сплю 7 – 8 часов — ночью, как надо. Мозгу, организму надо отдыхать, это природа. Конечно, нужно экономить время: я не читаю бульвáрную литературу и не смотрю телевизор. Каждое утро принимаю холодный душ, зимой — тоже. Много хожу пешком, и вам советую, в метро иду по эскалáтору. Ещё надо делать в жизни что-то хорошее: плохое делается, даже если мы этого не хотим.

У академика Фёдора Углова есть право давать советы. И этому человеку можно верить.

Ответьте на вопросы.

1. Где можно прочитать о докторе Углове?
2. Сколько ему уже лет?
3. Какие книги он написал?
4. Сколько операций Фёдор Углов сделал за свою жизнь?
5. В чём секрет доктора Углова?
6. Сколько часов в день он работает?
7. Что он делает каждое утро?

参考译文

乌格洛夫医生的简单秘诀

你听说过乌格洛夫医生吗？你可以在吉尼斯世界纪录的书里读到他。他是著名的外科医生，于1904年出生在西伯利亚，至今还在工作！他当了76年的外科医生，遗憾的是，一般俄罗斯男人的寿命都没有这么长。在二战期间，他成为一名前线医生。他写了《外科医生的良心》、《人的寿命远不止百岁》和许多其他书籍。教授说，还是在中学时，当其他男孩想成为船长、飞行员和军官时，他一直只想成为一名外科医生。乌格洛夫医生热爱自己的工作和病人。他说，如果同医生交谈后，患者没有感到病情转好，那么医生就该寻找另一份工作。费奥多尔·乌格洛夫医生在他的一生中做了约一万个手术！外国同行们目睹了他在第一医学院附属医院所做的一个手术。著名的外科医生德·贝基、还有11个美国人、1个丹麦人、1个印度人和1个加拿大人手术后对医生拍手叫好。直到现在他也在做手术，给学生上课，写书，定期在报纸上就如何健康长寿给出建议。在附属医院里有人讲述了这样一个故事：不久前有个病人，当教授建议她多步行时，病人回答道："您说得轻松，可我已经80岁了！"她不知道，这位精力充沛的医生比她年纪大许多……乌格洛夫医生的秘诀是什么呢？下面就是他本人对记者提问的回答：

——重要的是不喝酒，也不吸烟。酒是一种麻醉剂。因为酒精一个人会少活20–25岁。因为吸烟会少活7–9年。即使一个人喝了一点儿酒，他的体内就有酒精，过20天后他才能完全恢复正常。

——听说，酒精有助于缓解精神压力……

——在我的一生中有过很多的精神压力，我曾上过战场，在战场上我都没喝过酒！我没有专门的饮食，我一日三餐，但从来不吃太多。饭后我不休息：请问，为什么要休息？我一直都能工作：我的头脑总是清醒的

......
—— 你每天工作多少小时？睡多少小时？
—— 我全天工作，夜间需要睡7-8个小时。大脑、机体需要休息，这是自然规律。当然，需要节约时间：我不读低级趣味的书，也不看电视。每天早晨洗个冷水淋浴，冬天也是如此。我大量地步行，也建议您多步行，在地铁站沿着自动扶梯步行。还应该在生活中做些好事：因为不好的事情总在发生，即便我们不想。

费奥多尔·乌格洛夫院士有权（资格）提出这些见意。这个人可以信任。

◉ Текст *189*
Что делать, чтобы жить долго и быть здоровым

Много веко́в люди думают, что делать, чтобы жить долго и быть здоровым. В последнее время люди едят не только потому, что человеку нужно есть, но и потому, что это популярный вид отдыха. Цивилизация меняет нашу жизнь: у нас большой выбор продуктов, мы можем купить практически любые продукты в любое время года. Правда, мы сейчас больше знаем: люди понимают, что «полезно», а что «вредно». У нас есть всё, нет только... времени. Мы не можем просто нормально пообедать. Мы не готовим еду, а покупаем готовые продукты и едим нерегулярно. Мы не ходим пешком, а ездим на транспорте. Утром пьём крепкий кофе или чай, потому что мало спали, а вечером алкоголь — из-за стрессов...

Сейчас есть разные системы для здоровой жизни. Одна из них — голодание. Специалисты этой системы говорят, что если человек голодает, то у него больше энергии утром и вечером, он лучше спит, у него здоровый и красивый цвет лица. Они говорят: «Человек ест слишком много. Небольша́я часть нужна для жизни, остальное идёт на жизнь враче́й». В природе больные животные обычно голодают, и это им помогает. В христиа́нстве, будди́зме, индуи́зме, исла́ме практику́ют посты́ — периоды, когда не едят мясо и вообще едят очень мало. Греческий философ и математик Пифаго́р писал: «Голодание отлично помогает быть здоровым». Другая популярная система — вегетариа́нство. Вегетариа́нцы не едят мясо, птицу, рыбу и мяснье продукты. Но многие вегетарианцы едят сыр, яйца и мёд. «Чистые» вегетарианцы не едят даже молочные продукты и яйца. Есть люди, которые едят только сырые фрукты и овощи, а есть такие, которые едят только сырые фрукты. В истории цивилизации всегда были философы и врачи, которые пропагандировали вегетарианскую диету.

Почему люди становятся вегетарианцами? Есть разные причины. Этическая причина: люди жалеют животных и не хотят, чтобы их убивали. Экономическая причина: быть вегетарианцем дешевле. Медицинская причина: вегетарианство полезнее для человека, помогает ему быть здоровым и жить долго. Религиозно-аскетическая причина: отказ от вкусной еды, мяса и алкоголя тренирует волю. Вегетарианство — это не просто диета, это стиль жизни и философская система. Многие известные люди были вегетарианцами: Будда, Сократ, Платон, Леонардо да Винчи, Ньютон, Гёте, Вагнер, Шиллер, Байрон, Линкольн, Ницше, Толстой и даже Гитлер. В России сто лет назад писатель Толстой и художник Репин пропагандировали вегетарианство. В наше время оно популярно в разных странах. А вы хотите стать вегетарианцем?

 Ответьте на вопросы.

1. О чём думают люди много веков?
2. Как меняет нашу жизнь цивилизация?
3. Какие системы есть для здоровой жизни сейчас?
4. Почему люди становятся вегетарианцами?
5. Какие известные люди были вегетарианцами?
6. Что пропагандировали писатель Толстой и художник Репин сто лет назад в России?

怎样做才能长寿和健康

许多世纪以来,人们都在思考,要想长寿和健康需要做什么。最近,人们吃东西不仅因为人需要饮食,而且也因为这是一种流行的休息方式。文明正在改变着我们的生活:我们的食品种类繁多,我们可以在任何季节买到任何食品。的确,我们现在更知道:人们懂得"什么是有益的",什么是"有害的"。我们现在拥有一切,只是没有……时间。我们不能正常地吃顿饭。我们不做饭,而是买现成的食品,没有规律地进食。我们没有步行,而是乘车。早晨我们喝浓咖啡或茶,因为睡得很少,而晚上饮酒,因为有精神压力……

现在,有各种各样的健康生活方式。其中之一是饥饿。这方面的专家们说,如果一个人挨饿,他早晨和晚上就有更多的精力,他睡得更好,他有健康美丽的面色。专家们说:"人吃得过多。生命所需要的是一小部分,其余的都用来贴补医生的生活了。"在自然界中生病的动物通常都饿着,这对它们有好处。在基督教、佛教、印度教、伊斯兰教中实行斋戒——这是不吃肉或吃得很少的时期。希腊哲学家、数学家毕达哥拉斯说:"饥饿非常有助于健康"。另一个流行的方式是素食。素食者不吃肉、鱼和肉类食品。但许多素食者吃奶酪、鸡蛋和蜂蜜。纯素食主义者甚至奶制品和鸡蛋也不吃。有些人仅吃生的水果和蔬菜,而有些人只吃生水果。在文明史中总是有些哲学家和医生宣传吃素。

人们为什么成为素食者?这有多种原因。伦理上的原因:人们可怜动物,并且不希望它们被杀害。经济上的原因:成为素食者比较省钱。医疗上的原因:素食对人更有好处,有助于健康长寿。宗教和禁欲主义方面的原因:拒绝可口的饮食、肉类和酒能够锻炼毅力。素食不只是一种饮食制度,这是一种生活方式和一种哲学。许多名人都是素食主义者:佛陀、苏格拉底、柏拉图、达芬奇、牛顿、歌德、瓦格纳、席勒、拜伦、林肯、尼采、托尔斯泰,甚至还有希特勒。在俄罗斯一百年前作家托尔斯泰和画家列宾就倡导素食主义。在我们这个时代素食主义在各国都流行。您想成为一个素食者吗?

☞ **Текст 190**
Старые слова

Три слова, будто три огня,
придут к тебе средь бе́ла дня.
Придут к тебе порой ночной,
огромные, как шар земной,
как будто парус кораблю —
три слова: "Я тебя люблю".

Какие старые слова!

А как кру́жится голова,
а как кружится голова!

Три слова, вечных, как весна.
Такая сила им дана!
Три слова — и одна судьба,
одна мечта, одна тропа.
И вот однажды, всё стерпя,
ты скажешь: "Я люблю тебя".

Какие старые слова!
А как кружится голова,
а как кружится голова!

Три слова, будто три зари.
Ты их погромче повтори.
Они тебе не зря сейчас
понятны стали в первый раз.
Они летят издалека,
сердца́ пронза́я и века́.

Какие старые слова!
А как кружится голова,
а как кружится голова.

(Роберт Рождественский)

参考译文

古老的语言

三个词,如同三把火,
大白天来到你面前,
它们有时候出现在夜晚,
形似地球,庞大无边。
三个词:我爱你!
犹如海船上的风帆。

多么古老的语言!
而头昏脑胀好眩晕,
头昏脑胀好眩晕!

三个词,像永恒的春天。
无穷的力量在其中蕴含!
三个词——同命运,
同幻想,同航线。
有一天你终于难忍耐,
脱口说出:"我爱你!"

多么古老的语言!
而头昏脑胀好眩晕,
头昏脑胀好眩晕!

三个词,就像三道霞光。
高声重复你又说一遍。
你头一遭理解了这个词句,
决非偶然。
三个词从远方飞来,
把世纪的心灵洞穿。

多么古老的语言!
而头昏脑胀好眩晕,
头昏脑胀好眩晕!

(罗伯特·罗日杰斯特文斯基)

附录：俄罗斯歌曲

1 Подмосковные вечера

Не слышны в саду даже шо́рохи,
Всё здесь замерло до утра.
Если б знали вы, как мне дороги
Подмосковные вечера.
Если б знали вы, как мне дороги
Подмосковные вечера.

Речка движется и не движется,
Вся из лунного серебра.
Песня слышится и не слышится
В эти тихие вечера.
Песня слышится и не слышится
В эти тихие вечера.

Что ж ты, милая, смотришь искоса,
Низко голову наклоня.
Трудно высказать и не высказать
Всё, что на сердце у меня.
Трудно высказать и не высказать
Всё, что на сердце у меня.

А рассвет уже всё заметнее,
Так, пожалуйста, будь добра́.
Не забудь и ты эти летние
Подмосковные вечера.
Не забудь и ты эти летние
Подмосковные вечера.

莫斯科郊外的晚上

深夜花园里四处静悄悄，

只有风儿在轻轻唱。
夜色多么好,心儿多爽朗,
在这迷人的晚上。
夜色多么好,心儿多爽朗,
在这迷人的晚上。

小河静静流,微微泛波浪,
水面映着银色月光。
一阵轻风,一阵歌声,
多么幽静的晚上。
一阵轻风,一阵歌声,
多么幽静的晚上。

我的心上人坐在我身旁,
默默看着我不做声。
我想对你讲,但又难为情,
多少话儿留在心上。
我想对你讲,但又难为情,
多少话儿留在心上。

长夜快过去,天色蒙蒙亮,
衷心祝福你,好姑娘。
但愿从今后,你我永不忘,
莫斯科郊外的晚上。
但愿从今后,你我永不忘,
莫斯科郊外的晚上。

2 Катюша

Расцветали яблони и груши,
Поплыли туманы над рекой,
Выходила на берег Катюша,
На высокий берег, на крутой.
Выходила на берег Катюша,
На высокий берег, на крутой.

Выходила, песню заводила,
Про степного, сизого орла,
Про того, которого любила,
Про того, чьи письма берегла.
Про того, которого любила,
Про того, чьи письма берегла.

Ой, ты песня, песенка девичья,
Ты лети за ясным солнцем вслед,
И бойцу на дальнем пограничье
От Катюши передай привет.
И бойцу на дальнем пограничье
От Катюши передай привет.

Пусть он вспомнит девушку простую,
Пусть услышит, как она поёт,
Пусть он землю бережёт родную,
А любовь Катюша сбережёт.
Пусть он землю бережёт родную,
А любовь Катюша сбережёт.

Расцветали яблони и груши,
Поплыли туманы над рекой,
Выходила на берег Катюша,
На высокий берег, на крутой.
Выходила на берег Катюша,
На высокий берег, на крутой.

喀秋莎

正当梨花开遍了天涯,
河上飘着柔漫的轻纱!
喀秋莎站在峻峭的岸上,
歌声好像明媚的春光。
喀秋莎站在峻峭的岸上,

歌声好像明媚的春光。

姑娘唱着美妙的歌曲，
她在歌唱草原的雄鹰；
她在歌唱心爱的人儿，
喀秋莎爱情永远属于他。
她在歌唱心爱的人儿，
喀秋莎爱情永远属于他。

啊这歌声姑娘的歌声，
跟着光明的太阳飞去吧！
去向远方边疆的战士，
把喀秋莎的问候传达。
去向远方边疆的战士，
把喀秋莎的问候传达。

守边疆的年轻战士，
心中怀念遥远的姑娘；
勇敢战斗保卫祖国，
喀秋莎爱情永远属于他。
勇敢战斗保卫祖国，
喀秋莎爱情永远属于他。

正当梨花开遍了天涯，
河上飘着柔漫的轻纱！
喀秋莎站在峻峭的岸上，
歌声好像明媚的春光。
喀秋莎站在峻峭的岸上，
歌声好像明媚的春光。

3 Ой цветёт калина

Ой цветёт калина в поле у ручья,
Парня молодого полюбила я.
Парня полюбила на свою беду:

Не могу открыться, слова не найду!
Не могу открыться, слова не найду!

Он живёт — не знает ничего о том,
Что одна девчина думает о нём...
У ручья с калины облетает цвет,
А любовь девичья не проходит, нет!
А любовь девичья не проходит, нет!

А любовь девичья с каждым днём сильней.
Как же мне решиться рассказать о ней?
Я хожу, не смея волю дать словам...
Милый мой хороший, догадайся сам!
Милый мой хороший, догадайся сам!
Милый мой хороший, догадайся сам!

红莓花儿开

田野小河边,红莓花儿开;
有一位少年,真使我心爱。
可是我不能对他表白,
满怀的心腹话儿没法讲出来。
满怀的心腹话儿没法讲出来。

他对这桩事情一点不知道,
少女为他思念天天在心焦。
河边红莓花儿已经凋谢了,
少女的思念一点没减少。
少女的思念一点没减少。

少女的思念天天在增长,
我是一个姑娘怎么对他讲?
没有勇气诉说我尽在徘徊,
让我的心上人自己去猜想!
让我的心上人自己去猜想!
让我的心上人自己去猜想!